KB029078

창수생각

이창수

창수생각

이창수

동화출판사

저자의 말

나눌수록 커지는 세상

삶의 한 순간, 순간... 하고자 하는 일을 하였고, 가고자 하는 길을 갔다.

전후 베이비부머 세대로 1963년에 태어나, 고속 성장의 급격한 변화 속에서도 아직은 배곯는 이웃들이 많이 있던 천안 광덕의 산자락에서 나는 태어났고, 자랐다. 학창 시절 고교 진학과 대학 입시, 전공 선택의 순간에도 늘 스스로 결정해 선택한 길을 걸었지만 불혹을 넘어 지천명의 나이에 돌아보니 배움의 시절은 어쩌면 환경적으로 '주어진 운명' 같은 길이 아니었나 생각된다.

'언론의 자유'가 생긴 지도 얼마 안 되었던 시절, 지역 언론이 막 태동하던 때였다. 내가 나고 자란 고장의 소식을 전하고, 더 나은 세상을 만들어 가고자 일군 지역신문의 기자로 이창수 인생의 '1막 1장'은 시작되었다.

"가고자 한다면 길은 항상 새롭게 열린다"

짧지 않은 시간 함께한 분을 기자로 만나 인터뷰하던 때 나온 이야기다. 훗날 이 이야기는 그분의 철학을 설명하며 다시 많은 기자들에게 내가 직접 알리던 말이기도 하다. 내 삶의 지표로 늘 간직하는 보물 같은 이야기랄까. 이 책 <창수생각>을 통해 세상과 나누고 싶은 이야기도 바로 그런 이야기다.

내 삶의 1막 2장은 인연으로 시작한다.

가고자 한다면 길이 새롭게 열린다던 심대평 충남도지사.

개인적인 인연이 따로 있었던 것은 아니지만 기자생활을 눈여겨보았다며 '함께 일하자'는 부름에 나는 응했고, 인연은 시작되었다. 2004년 충남도지사 비서실장으로 시작된 인연은 행정에서 정치로 이어졌다.

'지역이 살아야 나라가 산다'는 정치 - 행정 철학을 몸으로 부딪치며 체감한 이 시절, 아픔과 눈물이 있었고 보람과 기쁨이 공존했다. 참 많은 것을 얻고 배운 시절이었다는 것은 역시 시간이 좀 흐른 뒤 깨닫게 되었다.

피플 퍼스트(People first), 신행정수도 건설, 행정중심도시 세종특별자치시의 탄생까지 늘 지역과 역사의 한 가운데 있었다. 정치, 행정, 그리고 지방자치, 이창수 인생 1막 2장의 키워드들이다.

이창수 인생 2막 1장은 '홀로서기'로 시작한다. 다소 돌발적으로 결정되었던 20대 총선 도전은 늘 현장에 있어 '잘 안다'고 생각했던 정치 현장의 새로운 발견이었다. 후보자가 된다는 것, 내 정치를 한다는 것은 참모의 정치와는 다른 새로운 세상이었다. 인생이 2막으로 접어들었다고 생각하는 이유다.

왜 정치를 하려 하는가?

"정치란 국민의 눈물을 닦아주는 것"이라던 인도 네루 수상의 말로 대신할 수 있을까. 이웃의 눈물을 닦아주며 함께 울어주는 마음, 나누면 커지는 세상 속 함께 살아가는 정치, 생활 속의 정치, 정말 매력적이지 않은가.

부끄러운 생각이 든다.

거의 일평생 글 쓰는 일을 해왔지만, 참으로 오랜만에 내 이름으로 글을 쓴다고 생각하니 새삼 배움과 지식의 일천함이 드러나는 듯 부끄럽기 그지없다. 그러나 한편 감사한다. 오늘의 나를 있게 해주신 부모님, 오늘 눈떠 하루를 살아갈 수 있음에 감사한다. 내 생각을 이야기하고 이렇듯 글을 써 낼 수 있음에 감사하며, 무언가 바꾸고 싶은 마음, 나눌수록 커지는 세상을 향한 발걸음이 빨라지고 있음에 감사드린다.

또한 그런 꿈을 꿀 수 있는 세상, 이를 도와주는 많은 이들이 곁에 있음에 감사드린다. 이 책이 나오기까지 거들어주신 모든 분들께도 고마움을 전하고 싶다.

2018년 1월　이 창 수

차례

제2장 나라 이야기

제3장 효 이야기

제1장

천안 이야기

도시는 방관자를 원하지 않는다

만해 한용운의 사상과 행동양식에도 영향을 준 것으로 알려진 중국의 유명한 정치가이자 사상가이며 교육자인 양계초(梁啓超)는 흔히 동양의 루소라 불린다. 그는 중국을 망친 원인으로 중국인 특히 중국 지식인들의 무관심과 방관적 태도를 꼽았다. 중국인들의 무관심과 방관자적 태도를 고치고, 책임감을 고취시키고자 쓴 저작의 제목은 주제를 관통하는 <방관자를 꾸짖노라>다.

이 책에서 양계초는"책임을 자각하는 것이 인간의 시작이요, 책임을 다하는 것이 인간의 끝"이라고 일갈했다. 사람이 자신에게 주어진 책임을 다하지 못하는 것은 사람 구실을 못하는 것이요, 사람의 도리를 다하지 못하는 것이며, 사람의 본분을 망각하는 것이라는 의미다.

양계초의 방관자 미움은 대단하다. 그는 세상에서 방관자보다 보기 싫고, 얄밉고, 비굴한 자는 없다고 말했다. 방관자란 강의 동쪽 언덕에 서서 서쪽 언덕의 화재를 구경하며, 타오르는 불꽃을 보고 즐거워하는 자와 같다고도 했다. 그는 방관자가 아닌 '책임지는 인간'을 요구했다. 책임의 범위도 매우 커서 나라에 대해서는 국민의 한 사람으로, 세계에 대해서는 인류의 한 사람으로 책임을 다해야 한다는 것이 그의 철학이었다.

그는 방관자를 여섯 부류로 나누었는데, 배우긴 했으나 세상 돌아가는 이치를 모르는 부류, 나라야 망하든 말든 나만 살고 보자는 부류, 그저 한탄하고 한숨만 쉬는 나약한 부류, 뒤에서 냉소적으로 비판하거나 조롱하는 부류, 남이 하기만을 바라는 부류, 아직 때가 아니라는 식으로 회피하는 부류였다. 이 여섯 부류에 속하지 않으려면 시대상황을 알고, 한탄도 냉소도 없이. 지금 즉시 내가 먼저 나서면 되는 것인데, 당시의 무력한 지식층을 꾸짖는 것이지만, 오늘날의 우리라고 해서 피해갈 수는 없는 문제다.

방관자가 되고 싶은가? 팔짱을 낀 채 대세의 흐름을 지켜보다 유리한 방향에 몸을 싣는 것이 방관자의 전략적 전술이라 할 만하다. 앞장 선 사람이 맞이할 위험요소를 확인한 후, 최대한 안전하게, 그러나 이득은 크게, 이것이 방관자의 최종목표일 것이다.

방관자와 참여자 사이, 그 경계를 가르는 일은 평범한 사람에게도 하루 동안 여러 번 나타난다. 위험에 처한 사람을 즉시 도와주는 일은 사람의 도리라고 보지만, 도움을 준 자들이 오해를 받는다거나 경찰조사를 받는다거나 심지어 범인으로 몰리기도 하는 상황이 귀찮기도 하고 두려운 것이다.

현대 사회에서는 나서지 않으면 본전은 한다는 의식이 점점 무관심과 범죄를 심각하게 만들고 있다고도 한다. 강남역 여성 살인사건만 보더라도 대낮에 그 사람 많은 강남에서 20대 여성이 살해당했지만 아무도 무서워 감히 나서지 못했다. 그녀는 무참히 살해됐다. 그러니 악순환의 반복이랄까. 쉽사리 범죄의 현장이나 잘못된 관행에 나설 수만은 없는 사람들의 태도를 나무

랄 수만 없다. 또한 위험상황에 나선 용기 있는 행동을 보호해 주는 제도적 장치도 아직 많이 약하기 때문이기도 하다. 그럼에도 불구하고 우리에게 필요한 성숙한 시민의식은 방관보다는 참여 쪽으로 발전해가야 함이 마땅하다. 물론 법과 제도의 테두리 안에 안전한 보호망이 선제돼야 할 것이다.

민주주의 사회에서 국민은 선거로써 정치에 참여한다. 우리나라 역대 대통령 투표율은 김영삼 문민정부가 들어선 14대 대통령 선거가 전국투표율 82%를 기록한 이후 17대 이명박 대통령 당선 시에는 63%로 최저치를 기록했는데 대체로 70% 선을 넘겼다. 이에 반해 국회의원 선거는 92년 14대 선거까진 70% 선을 웃돌다가 15대 이후 60% 선을 잘 넘기지 못하고 있다. 지방선거 투표율 역시 95년의 제1회 68.4%에서 그 이후론 50% 내외 선을 오르내리고 있다. 대통령 선거, 국회의원 선거, 지방 선거 순으로 참여율이 떨어지는 셈이다.

지방자치시대가 20년이 넘었음에도 여전히 중앙 권력에 대한 관심이 더 높다는 얘기다. 시, 도의원이 강해야 풀뿌리 민주주의가 성숙할 수 있는 것임은 두말 할 나위 없다. 따라서 서울과 수도권의 인구 과밀 현상이 지속되고 있는 가운데, 향후 중요성이 더해가는 지방정부 시대를 열어나가는 데 있어 지역시민의 참여는 더욱 중요하다.

정치에 있어서 방관은 실은 앉아서 손해 보는 행위다. 민의가 적극 반영되지 못하고, 정부의 권력을 과다하게 키우며, 공무원을 관료화시킨다. 천안시는 그 어느 도시보다 문화, 기업, 관광, 특산품 등에서 인구 유입과 발전 가능성이 높은 도시다. 오늘날 우리는 중국을 얘기할 때 북경과 상하이 외에 떠오르는 신흥도시 청두나 시안을 말한다. 일본에 간다고 하지 않고 오사카나 후쿠오카에 간다고 한다. 세계는 지금 도시로 말한다. 도시가 시대의 화두이며, 세상을 이끌어가고 있다.

천안시민으로서 천안의 문제에 방관할 수 없는 이유다.

정치, 경제, 문화, 사회 등의 현안에 적극 참여할수록 천안 시민의 삶은 나아질 것이며 자녀들의 삶도 보장받을 것이다. 공동체의식이 높고 범죄율이 낮고 경제적 활력이 넘치고 문화적 욕구가 숨 쉬는 도시 천안 조성에 참여해보자. 당장 내년의 지방선거가 우리의 소중한 참여를 기다리고 있다. 여당을 찍어도 좋다. 물론 이 책을 읽는 분이라면 <창수생각>을 지지해준다면 더 고마울 것이다. 중요한 것은 정치에 참여해야만 세상이 바뀔 수 있다는 것, 그것이다.

방관은 곧 방치라는 말과 같은 뜻일 수 있다. 우리 스스로 우리가 사는 도시 천안을 방치한다면 천안도 그 안의 우리를 나 몰라라 방치할 것이다. 참여하는 자만이 변화를 꿈꿀 수 있다.

문화도시 천안을 꿈꾸며

활기를 잃은 도시가 공연장, 박물관, 미술관 등 문화 콘텐츠를 향유하는 공간을 통해 새로운 문화도시로 부활한다. 문화와 역사가 담긴 곳이지만 산업의 발달로 혹은 외부적 환경요인으로 쇠락했다가 '문화'의 힘으로 되살아난 공간이 지구 곳곳에 있다.

산업혁명기의 제조업과 뒤를 이은 서비스업의 활황 시대도 저물어 바야흐로 문화의 경제적 가치가 재조명되는 시점이다. 4차 산업혁명의 기술의 발달이 가져온 산업의 변화 때문이기도 할 것이다. 오히려 인공지능(AI)과 빅데이터로 무장한 기술혁명의 시대 오히려 '아날로그적인 이야기'가 있는 문화가 소위 '먹히는' 시대랄까. 이제 먹고사는 문제, 남보다 더 가진 것에 가치를 두는 시기를 지나 '나만의 것', '삶의 질'에 주목하는 세상이 된 것 같다.

문화로 재탄생한 도시들의 특징 중 가장 주목할 만한 것은 그 도시 부활의 밑바탕에 '지역의 특색'과 '지역주민들의 삶'이 있더라는 점이다. 처음부터 관광객을 대거 유치하려 하거나 경제적인 효과를 노리기보다는 지역 주민의 생활에 여유를 주고, '우리 마을'의 보다 좋은 공간과 좋은 문화를 향유하기 위해 시작된 프로젝트들이 대개 지역의 역사와 특색 있는 문화를 잘 표현하는 도시로 발전해온 것이다. 이들은 지역민들의 삶 속에서 정서적인 여유, 보다 나은 교육 환경 등을 만들어갔다는 공통점이 있었다.

지역주민들의 자발적 참여와 관심 그리고 애정 없이는 어떤 정책도 성공하기 힘들다는 것이 새로운 문화도시를 이루어낸 전문가들의 한결같은 견해다. 문화공간이 도시의 미관과 내부 기류를 바꾸면서 관광객이 몰려오고 토지와 주택 값이 상승하는 건 부차적으로 따르는 효과다. 따라서 이들 문화공간들이 수준 높은 작품들을 연주·전시하는 것도 중요하지만, 지역주민의 욕구를 충족시키는 방향으로, 생활 밀착형 공간으로 운영되는 것이 더 중요하다.

이 점은 문화도시로 확고히 자리잡고자 하는 우리 고장 천안도 관심을 가져야 할 부분이다. 천안시는 지방 도시로서는 적잖은 65만 명의 사람들이 살아가는 가운데 유서 깊은 문화축제와

천안 예술의 전당

다양한 문화 예술 공간이 있다. 유수의 사찰과 문화유적지, 독립운동의 발생지로서의 자긍심을 지닌 천안이 바야흐로 천안 시민 삶의 질을 높여주는 문화공간과 함께 문화도시로 도약할 수 있는 기반이 마련된 셈이다.

14회째 이어져 온 천안흥타령춤 축제는 이미 세계 각국이 참여하는 국제적인 행사로 자리 잡고 있다. 처음 구도심을 살리자는 취지로 작가와 시민들이 주축이 되어 함께 장을 마련한 천안판페스티벌, 3·1 독립만세운동을 기념해 해마다 펼쳐지는 아우내 봉화제 등은 천안의 공연문화를 이끌고 있다.

특히 주목할 만한 것은 천안의 축제들이 관 주도로 이어지는 연내행사가 아니라 시작부터 해를 거듭할수록 시민들이 자발적으로 연대해 참여하는 '민간 주도형 축제'로 발전해가고 있다는 점이다. 여타 기초자치단체에선 보기 힘든 모습이다.

반딧불 가족음악회의 경우 읍, 면, 동까지 찾아가는 문화 행사라는 점에서 주민들의 참여와 호응이 뜨겁다. 1994년부터 내려오는 이원 뮤직페스티벌은 국내 유일의 전문피아니스트를 위한 연주회로, 해마다 국제적인 피아니스트를 초청하는 등 해외까지 널리 이름이 알려져 있다. 이화여대에서 음악을 가르치던 이원문화원의 장혜원 대표는 이원뮤직페스티벌이 국제적인 행사가 된 만큼 앞으로는 남편의 고향인 천안에서 문화를 일궈가는 텃밭이 되길 희망한다며 열정을 보이고 있다. 뛰어난 주변경관에 문화원 건물 1천여 평에, 9천여 평의 이원농원으로 이루어진 이원문화원은 생활관 4동, 다목적관 2동, 농기구 박물관 1동, 야외식당 등으로 꾸며져 있어 복합문화공간을 지향하는 공연장의 최신 트렌드를 반영한 공간으로 주목받고 있다. 문화원 이름을 가진 지역의 작은 음악회가 세계적인 주목을 받는 것은 장 대표의 남다른 열정과 지역문화에 대한 긍지, 피아노연주에 대한 애정 없이는 불가능한 일이었다.

천안 아라리오 갤러리도 사업가 겸 화가인 김창일 회장의 수십 년에 걸친 작품 수집과 미래의 문화 흐름을 내다보는 혜안에서 출발했다. 국제, 가나, 현대 같은 대형갤러리에 뒤지지 않는 지명도를 갖춘 아라리오 갤러리는 최근 상하이 아라리오를 웨스트번드 지역으로 확장 이전했다. 김창일 회장의 컬렉션 규모는 대략 3천7백여점으로 알려져 있다. 소장품 대다수가 앤디 워홀, 데미언 허스트, 시그마 폴케 등 세계 정상급 작가들의 작품들이다. '씨킴'이라는 예명의 화가로도 활동하고 있는 김창일 회장이 이룬 성과는 문화가 지역 그리고 개인 단위에서 출발하는 것임을 알려주고 있다.

서울에 '예술의 전당'이 있다면 천안에는 '천안 예술의 전당'이 있다. 개관한 것은 2012년, 천안 종합 휴양관광단지 내 종합문화공간으로 태어난 이곳은 1,642석의 대공연장. 443석의 소공연장, 미술관, 문화센터, 야외공연장, 연습실 등을 갖추고 있다. 올해로써 35회를 맞는 천안시향의 정기연주회, KBS 교향악단의 '합창', 국립발레단의 '호두까기 인형', 국립오페라단의 '토스카', 국립무용단의 '묵향', 프랑스 로렌 국립 오케스트라 초청 공연 같은 수준급의 공연과 연주회가 자주 열리면서 그 동안 지자체 문화공연을 주도해 왔다. 매월 마지막 주 수요일 오전 11시에 펼쳐지는 11시 콘서트의 인기도 여성들 중심으로 뜨거웠다. 지역주민들을 위해 마련한 다양한 문화기획행사들도 주목할 만하다. 하지만 접근성이 어려운 점과 재정자립도 면에서 부족한 점은 과제로 남아 있다.

예술대학의 성장세는 천안문화예술의 미래를 밝게 하는 요소다. 상명대, 단국대, 호서대, 백석대 등에서 영화, 연극, 방송영상, 만화, 뮤지컬, 회화, 문예창작, 음악, 문화콘텐츠 등 21세기 문화예술을 선도할 예비예술가들이 꾸준히 탄생하고 있다. 이들이 천안 문화의 내일을 이끌 자원임은 의심할 여지가 없다. 이들의 향후 활동지역이 천안을 주 거점으로 할 것인가는 불투명하지만, 수도권에서 활동하더라도 언제라도 천안지역과 연계하거나 리턴할 수 있는 토양을 마련해 놓는 것은 지자체의 역할이다.

중앙정부나 지자체는 예술가들이 활동할 수 있는 환경 제공에 주력하되 기획과 콘텐츠 등은 최대한 자율성을 존중해야 한다. 예산집행이 따르는 행사도 행사지만, 창의적인 예술가 그리고 미래를 보는 혜안을 가진 경영자들과 함께하는 문화라야만 성과와 지속성을 보장할 수 있다. 민간기업의 경우도 의례적인 지원이나 찬조 수준이 아니라, 문화주체들과 함께 연계하면서 융합형 결과를 끌어낼 수 있는 가능성이 보일 때 문화투자도 활발하게 이루어 질 것이다. 이런 점에서 지자체와 지역기업들 간의 교감과 협력도 중요하다.

문화도시 천안의 도약은 앞으로의 행보에 달려 있다. 천안만이 가지고 있는 지역색, 문화적 특성을 살려 더욱 지역주민들에게 다가가고 자발적인 참여를 이끌어낼 때 독자적인 색깔을 가진 문화도시로 거듭날 수 있을 것이다. 또한 그 중심엔 지역민이 있어야 한다. 지역 주민 한 명, 한 명 모두 문화의 혜택을 골고루 누리며 참여해 나갈 때 천안은 참 문화도시의 모습을 갖추게 되지 않을까.

3·1 독립운동 100주년과 유관순 열사

3·1 독립운동 100주년이 1여 년 앞으로 다가오면서 각 지자체들의 준비가 한창이다. 독립운동의 발생지인 천안은 한층 더 바빠질 것이다. 유관순 열사가 서대문형무소에서 옥사한 것이 1920년 9월 28일로 순국 100주년도 연이어 다가오는 셈이다.

천안의 독립운동가로는 이동녕, 조병옥 선생 등이 계시지만 특별히 유관순 열사 얘기부터 해보고자 한다. 1902년 12월에 천안에서 태어나 불과 만 17세의 나이인 1920년에 돌아가셨으니 그녀는 꽃다운 청춘을 조국의 독립도 보지 못하고 나라에 바쳤다. 이화학당에 다니던 중 조선총독부에 의해 학교가 강제로 휴교되자 고향인 천안으로 내려와 가족 친지 이웃 분들을 독려해 4월 1일 천안 아우내 장터에서 만세운동을 주도하였고 현장에서 부모님이 모두 일본 헌병의 총에 살해당하는 참사를 겪는다. 오빠마저 공주에서 체포되어 감옥에 가는 등 그 수난사가 참으로 참혹하다.

유관순 열사를 그토록 열정적으로 행동하게 만든 것은 무엇이었을까? 아직 어린 소녀에게 조국애라는 것이 목숨을 바칠 만큼 소중한 것이었던가. 참으로 순정하고 뜨거운 열정이 아닐 수 없다. 100주년 행사야 전국적으로 치러지고 천안도 다양한 행사를 준비하고 있겠지만, 이번 100주년을 계기로 우리가 유관순 열사의 정신과 영혼을 조용히 되새겨 그 뜻을 가슴에 간직하는 일이야말로 무엇보다 의미가 있을 것이다. 행사는 지나가지만 그녀의 영혼은 우리와 함께 평생을 살아 숨 쉴 것이기 때문이다.

고종의 일제 독살설과 1차 세계대전 종전을 앞두고 나온 우드로 윌슨 미국 대통령의 민족자결원칙선언, '피지배민족들이 자신의 미래를 결정할 수 있는 자결권을 가져야 한다'는 그 선언도 영향을 주었지만, 이화학당에서 김란사 같은 신여성의 지도하에 교육을 받은 것도 유관순의 애국심에 불을 지폈을 것이다.

최근 서울교육박물관에서 특집으로 꾸민 김란사 전시를 보면 그녀는 유부녀의 몸으로 이화학당에 입학해 졸업 후 미국유학을 다녀 온 후 이화학당의 총교사(오늘날의 교감)로 재직하였다. 이화문학회를 지도하면서 학생들에게 민족의식을 심어주고 특

유관순 열사 자료사진

히 유관순에게는 '조선을 밝히는 등불이 되어 다오'라고 당부했다고 한다. 그녀는 3·1 운동 직후 파리강화회의에 참석하기 위해 가던 도중 북경에 잠시 머물렀다가 시신이 검게 변하는 의문의 죽음을 당한다. 일제의 독살로 의심되는 이 죽음이 있은 지 일 년 후, 김란사의 애제자인 유관순도 옥중에서 모진 고문을 받고 죽음을 맞이하니 선생과 제자가 모두 고귀한 생명을 조국의 독립을 위해 바치게 되었다.

누구도 참기 힘든 감옥의 고문을 견디고 옥중에서 또 다시 만세운동을 주도했다는 것은 보통 용기와 불굴의 정신없이는 불가능한 것이다. 잔다르크도 화형이 두려워 마지막 순간에는 신의 사제임을 부정했다 하지 않은가. 오늘을 살아가는 우리들에게 유관순의 존재는 살아가면서 여러 차별에 부딪쳐 좌절할 때마다 꺾이지 않는 용기와 힘을 줄 것이라고 믿는다.

오늘을 살아가는 우리가 더는 독립운동을 할 일은 없지만, 유관순열사에게서 용기와 더불어 순결함은 이어받을 수 있을 것이다. 그녀의 스승 김란사가 당부했듯, 세속의 때를 묻히며 살아가지 않을 수 없는 우리에게 그녀의 순결한 영혼이 '밝은 등불'이 되어 우리의 영혼이 가야 할 길을 밝혀 주기를 소망한다.

100주년이 다가오고 다양한 행사가 열리면서 유관순 열사를 영상이나 여러 콘텐츠로 접할 기회도 많아질 것이다. 어떻게 기리는 것이 그녀를 제대로 기리는 것인지 생각해 보고 싶다. 그녀가 살아있었다면, 해방 70년이 지난 오늘의 조국을 어떤 감회로 바라보고 있었을까?

교통과 문화의 융합, 천안종합터미널

40대 이상 기성세대들에게 '터미널'에 대한 기억을 묻는다면, '음료수와 계란, 오징어 등을 들고 다니며 파는 장사꾼', '늘어서 있는 포장마차', '막차를 놓친 손님을 부르는 택시기사와 숙박업소 아줌마', '세차로 질퍽거리는 주차장 바닥', 그리고 마구잡이 낙서와 지저분하기 짝이 없는 '화장실' 등을 떠올릴 것이다. 천안종합터미널은 더럽고 지저분한 곳, 차를 타기 위해 단순히 시간을 보내는 곳이라는 터미널의 고정관념을 보기 좋게 무너뜨린 대표적인 사례다.

아라리오 산업의 주력사인 천안종합터미널은 시외·고속버스터미널로, 천안역 부근에 있다가 1989년에 2만평 부지에 해당하는 현 천안시 동남구 신부동으로 이전하여 운영 중이다. 우리나라에서 버스터미널의 대표적인 혁신사례로, 지금도 전국 자치단체의 벤치마킹 모델이 되고 있는데 그 혁신 코드는 다름 아닌 교통과 문화의 융합이었다. 단순히 버스를 타는 공간이라는 터미널을 교통과 물류, 그리고 유통의 개념을 도입해 이른바 복합공간의 개념으로 발전시킨 것이 1976년 준공된 강남종합버스터미널이다.

강남종합버스터미널이 준공됐을 당시 A자형 매머드급 건물과 2, 3층에서 직접 버스를 타는 승차장, 도매시장을 방불케 하는 상가, 웨딩홀 등 복합공간으로 많은 주목을 받았다. 하지만 현재의 강남고속버스터미널은 우리나라 최다 이용객수와 물류 이동량을 확보하고 있으면서 1층을 제외한 나머지 층은 의류·혼수품·화훼·웨딩홀 등의 상가로 운영되고 있지만 전국최고의 터미널이라는 명성은 퇴색한 지 오래이다. 전국 최다 이용객을 확보하고 있는 강남고속터미널이 퇴화하고 있는 반면 인구 65만, 유동인구로는 100만에 이르는 도시에 자리 잡은 천안종합터미널이 진화하고 있는 이유는 다름 아닌 '문화'다.

직설적으로 표현하면 강남고속버스터미널에는 사람과 버스가 있을 뿐이며 천안종합터미널에는 사람과 버스, 그리고 강남고속버스터미널이 엄두도 내지 못할 크기의 문화가 존재하고 있는 것이다. 문화를 크기로 계량화하는 것이 무식의 소치일수도 있지만, 천안종합터미널이 가진 문화콘텐츠는 강남고속버스터미널과는 '차원이 다른 새로움'이라는 표현이 조금도 부족함이 없을 정도의 양과 질을 보여주고 있다.

스페인 바스크 지방의 쇠락해가던 공업도시 빌바오가 1997년 독특한 외관의 구겐하임 미술관이 들어서자마자 문화 도시로 탈바꿈했다. 지금은 연간 100만 명 이상이 세계 각지에서 빌바오의 구겐하임을 찾고 있다. 도시계획가들 사이에서, 미술관 하나가 어떻게 도시를 바꾸는가 알아보려면 빌바오에 가보면 된다는 말도 나올 정도라고 한다. '빌바오 효과(Bilbao effect)'라는 신조어가 나올 정도로 미술관 하나만으로 유명해진 스페인의 빌바오는 도시공간에 문화예술이 융합될 때 어떠한 부가가치가 생성되는지를 보여주는 대표적인 사례다.

천안종합터미널은 지방소도시가 차별화된 터미널을 만들어 비즈니스를 성공시키기 위해서는 문화를 무기로 삼아야 한다는 경영자의 판단이 적중한 케이스이다. 터미널을 중심으로 또 다른 작은 도시를 생성해냈다는 차원에서 스페인의 빌바오와 견주어볼만하다. 현 부지로 이전 당시 천안시는 당시의 유동인구를 감안해 5천평의 부지를 제안했으나 김창일 회장은 복합공간을 염두에 두고 2만 평을 고집했다. 미래의 흐름을 읽는 폭넓은 시야가 있었기에 가능한 일이었다.

아라리오 갤러리의 푸른 조각 광장에는 1989년 개관 시 설치

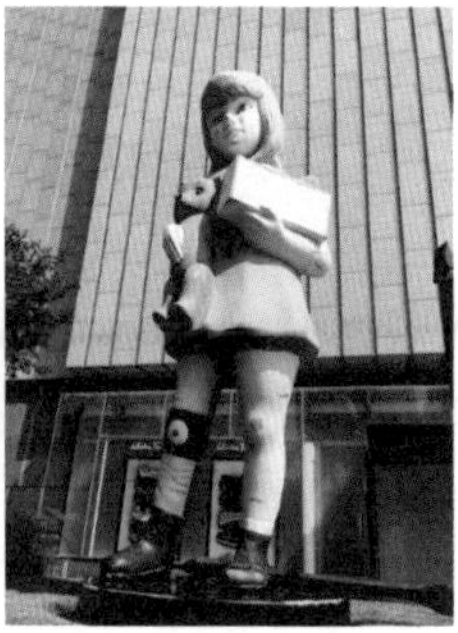
천안종합터미널 광장의 대표적인 작품들

된 아르망의 20m에 달하는 조각 '수백만 마일'을 비롯해 키스 해링, 로버트 인디아나, 데미안 허스트, 왕광이 등 현대 작가들의 대형 조각들이 법적으로 옥외 미술품 설치가 의무화되기 훨씬 이전부터 자리 잡았다. 이 조각 광장은 정체되지 않고 끊임없이 새로운 작품들로 채워지며, 시민들이 보고 느끼고 자유롭게 즐길 수 있도록 안식을 제공하는 기능도 함께한다. 자동차 폐차부품으로 구성되어 있는 프랑스 조각가 아르망의 '수백만 마일'이란 작품은 천안을 대표하는 상징물이기도 하다.

터미널 준공과 함께 개관한 아리리오 갤러리는 규모나 전시 콘텐츠 측면에서 서울 메이저 갤러리에 손색이 없었고 1층에 문을 연 운보찻집은 운보의 작품 50점이 상설 전시되어 바보산수 등 운보 작품의 진면목을 유감없이 감상할 수 있는 공간으로 사랑받기도 했다. 2002년에는 기존 건물의 재건축을 통해 900평의 전시 시설을 갖춘 국내 최대 규모의 갤러리를 신축 개관했다. 이렇게 재개관한 아라리오 갤러리는 국내에서는 만나보기 어려웠던 키스 해링과 안젤름 키퍼의 작품 전시를 시작으로 '브리티시 컨템포러리(British Contemporary)', '아티스트 프롬 라이프치히(Artists from Leipzig)' 같은 대대적인 그룹전을 통해 영 브리티시 아티스트(Young British Artists)의 대표 작가인 데미안 허스트, 마크 퀸, 허스트 에민 등과, 영 저먼 아티스트(Young German Artist)의 시그마 폴케, 조나단 메세, 네오 라흐, 요르그 임멘도르프 등 현재 세계적으로 주목받는 작가들의 중요한 흐름들을 선보였다.

이렇게 끊임없이 새로운 작품들로 채워지는 아라리오광장의 문화콘텐츠는 천안종합터미널 거리를 서울의 강남과 홍대주변과는 또 다른 소통과 만남, 문화와 예술이 융합하는 공간으로 변모해, 그야말로 단순한 터미널을 시민들이 문화향유권을 만끽할 수 있는 스몰시티로 재탄생시켰다. 이 같은 차원에서 천안종합터미널은 문화콘텐츠가 인간과 융합할 때 생성되는 효과와 그 부가가치를 유감없이 입증해준 사례라고 할 수 있다. 도시 차별화의 무기는 바로 문화라는 것을 실례로 보여준 것이랄까.

시간과 공간의 교점에서 이루어지는 것이 역사라는 말이 있다. 천안종합터미널은 교통과 문화의 교점에서 이루어진 융합이 만들어낸 또 다른 문화도시, 천안의 역사로 평가받을 것이다. 역사는 진행 중이다.

생명산업의 블루오션(blue ocean), 호두

호두가 생명산업의 블루오션(blue ocean)으로 부상하고 있다. 이미 선진국에서는 호두를 이용한 뇌, 혈관기능과 항암관련 건강기능식품 및 신약개발에 박차를 가한 지 오래다. 미국 하버드 의대 연구팀은 호두의 지방산이 대장암 세포 유전자를 변형해 암의 진행속도를 늦춘다는 연구결과를 발표한 바 있고, 이화여대 연구팀도 미국 보스턴에서 열린 2015 실험생물학 학술대회에서 호두 속 페놀염 추출성분이 대장암 줄기세포 생성속도를 늦춘다고 발표했다.

식생활 습관 변화 등으로 젊은 층에까지 대장암이 급속히 증가하고 있는 우리로서는 반가운 소식이다. 대장암은 한 예에 불과하다. 호두가 심장기능에 특효라는 사실도 잘 알려져 있다. 호두는 심장을 둘러싸고 있는 관상동맥의 탄력을 무려 64%나 높여 준다고 한다. 혈관벽과 심장박동 등 심장질환예방에 탁월

알호두

한 효능이 있는 오메가3 지방산이 호두에 풍부하게 함유되어 있는 까닭이다. 미국식품의약국 FDA에서 단일식품으로는 최초로 심장질환예방효능을 인정받은 식품이 바로 호두인 것이다. 호두는 각종 암의 발생을 낮추고 알츠하이머 발병률도 현저하게 낮추는 효과가 있다. 이밖에도 폐기능 개선, 고혈압과 성인병예방, 노화방지, 피부개선 등 그야말로 만병통치에 가까운 효능을 갖고 있는 수퍼푸드가 아닐 수 없다.

너무 광범위해서 자칫 만병통치라는 말로 들릴수도 있겠다. 중장년분들은 각종 암, 심장질환, 폐질환, 치매예방에 특효라고 좀 간추려서 기억하면 좋을 것 같다. 여성분들은 노화방지, 피부미용을 따로 기억해 주면 좋을 것이다. 천안의 벤처기업 코드바이오 측이 호두피 분말과 호두기름을 주원료로 하는 피부보습제를 개발하기도 했다. 학생들과 수험생들은 무엇보다 두

뇌활성화 라는 말에 주목해 주기 바란다. 추론능력 향상에 호두의 성분이 작용을 하기 때문이다.

면역력을 기르는데도 호두만한 것이 없다고 한다. 2015년에 발생해 전 국민을 패닉으로 몰고 갔던 메르스 사태 이후 면역력에 대한 관심이 더욱 커졌는데 호두를 비롯한 견과류가 면역력을 높일 수 있는 간편한 방법이라는 것이다.

작은 부피 속에 생명의 온갖 활력소가 빠짐없이 들어 있는 호두는 지금도 가장 경제적인 건강식품이지만, 앞으로 세계의 생명산업을 이끄는 주요 핵심자원의 위치를 점할 것으로 확신한다. 따라서 우리도 호두1.0시대에서 그 버전을 호두2.0, 호두3.0으로 발전시켜야 할 과제를 안게 되었다. 더 이상 호두는 단순한 견과류가 아닌, 호두과자의 첨가물이 아닌, 천안 미래 산업의 핵심이자 생명산업의 보물로 우리 앞에 놓여 있다.

스티븐 윌리엄 호킹(Stephen William Hawking) 박사 하면 너무 유명해서 따로 소개할 필요가 없을 정도다. 영국의 이론물리학자이자 불후의 명저 '시간의 역사'로 천 만 이상의 독자를 확보하고 있는 과학계의 아이콘이기도 하다. 호킹이 쓴 '호두껍질 속의 우주'란 책을 보면, '인간과 같은 지적생명체를 탄생시키기 위해서는 우주의 경계가 호두 껍데기처럼 울퉁불퉁한 것이 되어야 한다'고 한다. 그럼 껍질 속 호두 한 알은 상징으로서의 우주가 아니라, 진짜 우주와 같은 것이 아닐까 그런 생각을 잠시 해 본다.

우주, 생명, 지구상에 그런 말들과 가장 가까운 게 있다면 그건 바로 '호두'라고 호킹 박사가 공언한 것이라고 말하면 너무 과장된 것일까? 그래도 호두 예찬이 곧 생명 예찬으로 들리는 것만은 과장이 아닐 것이다.

천안호두는 단순 먹거리가 아닌 생명산업의 소재로서 잠재적 가능성이 무한한 우리고장 보물이다. 호두가 건강 먹거리에서 문화산업과 생명산업, 즉 기술과 결합한 스마트 팜으로의 변화, 6차 산업으로 자리하기 위해 체계적인 연구와 지원이 필요한 시점이다. 호두는 도농복합 도시인 천안의 새로운 성장동력이 될 수 있다.

그렇게 나아가는 첫 걸음, 지역민들의 천안 호두 사랑이 아닐까. 우리 지역의 고유한 것, 본래의 것, 있는 것에서부터 출발하는 마음이 로컬푸드의 글로벌 푸드화가 될 수 있는 시작점이라고 생각된다.

천안, 호두 박물관이 필요하다

천안에 제대로 된 호두박물관이 있었으면 하는 바람을 갖게 된 지 오래다. 길지 않은 여행이었지만 미국을 돌아볼 기회가 있었다. 가는 도시마다 크고 작은 다양한 박물관이 곳곳에 있어 해당 지역의 특색을 분명히 드러내고 있는 점이 인상 깊었다. 유럽에 비해 상대적으로 짧은 역사 콤플렉스 때문이라는 비아냥도 있다. 사소한 것이라도 남기고 기념하려는 '미국적 특성'이 반영된 결과라곤 하지만 결과적으로 지역별 특성이 묻어나는 미국적 글로컬 문화가 된 셈이다.

천안 박물관

유기농 세계대회를 개최한 바 있는 남양주엔 유기농박물관이 있고 감귤이 유명한 제주도엔 감귤박물관이 있다. 감귤박물관은 1층이 박물관이고 2층엔 제주전통농가 전시실이 있다. 호두 박물관도 농가 전시실을 따로 둘 수도 있을 것이다. 제주도에는 또 오설록 녹차박물관이 유명하다. '오설록 티뮤지엄'이 정식 명칭으로 아모레퍼시픽이 서귀포시에서 운영하고 있는 국내 최대 규모의 차 종합전시관이다. 연간 70만 명 이상의 관람객이 찾는다고 한다.

장흥귀족호두박물관

녹차로 유명한 보성에도 한국차박물관이 있다. 밀양에는 한천박물관이 있다. 밀양 한천의 주원료는 제주도 청정지역에서 채취한 우뭇가사리로 젤리나 양갱 등을 만드는데 쓰인다. 최근에는 한국차문화박물관이 충북 제천시에 개관되었다. 중국 일본 티벳 등 동아시아의 차 도구에서부터 진귀한 보이차까지 갖추고, 차문화체험 등 다양한 프로그램을 운영하고 있다고 한다. 박물관의 등록 기준에는 유물도 포함되므로 참고할 만하다. 전문박물관의 등록 기준에는 시설 및 규모 외에도 유물 및 전문학예인력 등 갖추어야 할 조건들이 있다.

우리나라 최초의 포도재배지로 알려진 안성에는 안성 샤토안

포도박물관이 있다. 포도재배의 역사와 포도를 원료로 한 와인들을 볼 수 있는데 안성의 거봉으로 만든 와인 샤토안은 기념품으로 인기다. 하지만 포도와 관련된 유물이 없어 공식적으로는 박물관 등록을 하지 못하고 있다. 수익성 문제로 위수탁업체들이 자주 변경되는 것도 문제라고 한다.

남양주유기농테마파크

영주에는 세계 최초의 '콩세계과학박물관'이 2015년에 건립되어 운영되고 있다. 전시관과 체험관, 수장고, 연구실, 다목적실 등을 갖추고 주변에 콩과 사과를 테마로 한 농어촌테마공원이 연계사업으로 조성되어 있다. 전 세계의 콩 관련 자료와 문헌을 수집, 분석하고 연구하며 국제적인 정보교류와 연구 교육을 병행하고 있다. 콩세계과학박물관은 건립 전에 각계 전문가들이 콩관련 정보를 2년간 조사 수집해 '콩' 단행본을 발간한 바 있다. CJ제일제당, 삼육식품, 정식품 등 콩 관련기업이 동참한 것도 의미가 있다. 세계 식량관계주요 기관과 인사들을 비롯해 년 3 - 4만 명이 찾고 있다.

2017년 글로벌 매거진 '엘르 데코'에서 '세계 최고의 음식박물관 12곳'을 소개했는데, 미국 뉴욕 초콜릿박물관, 캐나다 올리어리 감자박물관, 미국 뉴올리언스 남부식음료박물관(설탕·옥수수 등), 미국 뉴욕 젤로박물관(젤리 디저트) 등이 포함되어 있다. 한국에서는 풀무원 뮤지엄 김치관이, 일본은 라면박물관이 포함되었다.

천안에도 천안박물관이 있다. 자랑스럽기도 하지만 아직 콘텐츠 면에서는 아쉬움도 많은 듯하다. 천안박물관은 구석기 시대부터의 천안지역 역사와 유물 등을 한눈에 볼 수 있는 곳이다. 그곳에 천안의 역사적 특산물이자 상징이기도 한 호두를 소개하는 공간도 있었으면 하는 바람이 늘 있었다. 장기적으로는 천안호두박물관이 꼭 필요하다고 보지만 아쉬운 대로 천안박물관에 별도로 호두전시관을 만들면 어떨까 싶다. 공간이 없다고 할 수도 있겠지만 이는 공간만의 문제가 아니라 의지의 문제이기도 하다. 박물관에 공간이 없다면 건너편 삼거리공원을 바라보면 알 수 있다.

10년 좀 넘은 '흥타령축제'를 홍보하는 '천안흥타령관'이 Museum 영문표기와 함께 큼직하게 자리 잡고 있고, 그 옆에는 여전히 용도가 불분명한 삼각형의 현대식 건물이 있는데, 텅 비어 있다. 인구가 4만 3천여 명에 불과한 전남 장흥군에는 '장흥귀족호두박물관'이 있다. 연간 2만 명이 넘는 관람객이 이곳을 찾는다고 한다. 귀족호두가 나름 유명하다고는 하지만 주로 지

압용이나 건강용으로 사용되는 호두인지라 천안호두와는 비교하기가 힘들다.

어떤 형태든 천안호두를 제대로 알릴 수 있는 박물관이나 전시관 또는 홍보관이 설립되기를 천안시민과 함께 소망해본다. 천안에 호두박물관이 건립된다면, 그 사전준비로 각종 박물관의 건립 운영형태 및 관람객개발 방안 등을 사전 연구 조사할 필요가 있을 것이다. 그 전에 전시관이나 홍보관을 설치해 운영해보는 것도 한 방법이다.

박물관은 그 도시의 얼굴이라 할 수 있다. 호두는 가장 대표적인 천안의 얼굴이다. 우리의 건강과 미래 먹거리인 생명산업을 주도할 호두를 위해서 따로 내줄 공간이 없다는 것은 우리의 의지가 부족하기 때문이 아닐까. 이제 내가 먼저 나서 이 건을 추진해볼까 한다. 우리 지역 주민들의 민의를 모아 공감대를 형성함이 우선이겠다. 그 첫 걸음으로 바로 이 글이 되고 있다는 것, 의미 있는 시작이다.

천안호두의 특성이 살아 있는 호두박물관, 생명의 호두답게 생동감 있는 그리고 미래산업으로의 도약을 예비할 수 있는 공간으로 탄생할 날을 꿈꿔본다.

탐매(探梅)정신, 그리고 호두생명산업연구소

천안에 '호두생명산업연구소'를 설립한 것은 2015년이었다. 설립배경을 이렇게 설명했었다.

"지역의 식물자원, 미생물자원, 동물자원 등 자연자원 및 생명자원을 관리하고 천안시민과 지역사회, 나아가 인간과 국가사회에 널리 이로운 고부가가치 제품 및 서비스를 창출하기 위한 연구 활동을 목적으로 한다."

호두생명산업연구소
Walnut Bio-Industry Research Center

풀어쓰면 호두를 비롯해 지역 특산물의 가치를 재조명하고 문화를 융합시켜 스토리텔링, 브랜딩, 마케팅을 결합시켜 새로운 비전을 만들어보자는 것이었다. 그 중에서도 천안의 대표 브랜드인 호두는 건강한 먹거리 차원을 뛰어넘어 이미 선진국에서는 바이오 산업분야에서 그 무한한 가치를 인정받고 있고, 활발한 연구와 함께 본격적으로 사업화가 전개되고 있었기 때문이다. 무엇보다 천안호두가 가지고 있는 스토리와 브랜드 가치는 뛰어난 문화콘텐츠로서의 잠재력이 무궁무진하다.

호두에 생명산업과 문화를 융합시킨다면 이것이야말로 스마트한 6차산업, 지역특색을 살린 창조경제의 대표적인 사례가 될 수 있을 것으로 보았다. 이는 더는 미뤄질 수도 포기할 수도 없는 천안시민의 염원이기도 하다.

'탐매(探梅)정신'이라는 말이 있다. 많은 선비들이 엄동설한에 누구보다 먼저 눈 속에 핀 설중매를 보고자 산속을 헤매고 다니던 것을 말한다. 하지만 끝내 매화를 찾지 못하고 지친 몸을 이끌고 집에 와보니 집뜰에 있는 매화나무에서 붉은 꽃이 피어 있었다고 한다. 마치 '파랑새를 찾아서'와 같은 맥락의 이야기다. 누구보다도 먼저 설중매를 보고자 눈 속을 헤치고 다니던 도전과 개척정신, 그리고 내 집 앞 나무 한그루, 내 고장을 흐르는 하천 한줄기 등, 내 주변 것을 소중하게 여기는 정신을 바로 탐매정신이라고 한다. 이 탐매정신이 바로 호두생명산업연구소의 설립정신이다.

시작은 미약했지만, 그 동안 '천안! 호두를 다시 말하다!', '천안호두, 인문학을 만나다'라는 주제로 '호두생명 토크콘서트'

호두생명토크콘서트

를 두 차례 개최하였고, 명품호두 생산의 최전선인 SK임업과 호두생명산업연구소가 함께 천안광덕호두의 미래비전에 대한 합동 워크숍도 가졌다. 호두생명산업연구소 측 김영만 교수의 광덕호두 명품화, 마케팅 차원의 셀링 스토리 발굴, ‘천안광덕 호두, 바로보기 - 멀리보기 - 함께보기’ 기조발제도 의미 있었다. 이외에도 ‘홍타령축제’ 홍보부스 운영과 함께 호두를 이용한 착하고 건강한 먹거리를 개발하는 등 스스로 생각해도 대견할 정도의 성과가 있었다.

특히 2016년 천안광덕호두축제에는 천안 광덕호두의 역사성, 우수성, 그리고 다양성과 비전을 컨셉을 갖고 참가하였다. 홍보부스에 광덕호두의 역사와 우수성을 알리는 자료판넬과 호두키홀더, 호두아크릴액자, 호두메모지부착용자석, 호두티셔츠, 호두머그컵, 호두부채 등 다양한 호두 이용 소품들을 전시, 홍보를 하였다.

호두워크샵

호두나무심기운동

무엇보다 의미를 두고 싶은 것은 천안호두 발전의 기초인 생산량 확보를 위한 "100만 천안시민, 100만 그루 호두나무심기운동"을 시작한 것이다. 100만이란 숫자는 참으로 의미 있는 숫자이다. 100만은 단순히 숫자를 말하기도 하지만, 무한히 뻗어가는 기운을 갖고 있기 때문이기도 하다. 100만 그루에서 열리는 호두는 과연 얼마나 될까, 갈 길은 멀지만 생각만으로도 뿌듯하다. 그렇게 되기 위해선 천안시민 한 분 한 분의 따뜻한 손길과 정성이 지금 필요하다.

호두생명산업연구소는 이제 대학과 기업에서도 관심을 보이고 있으며 문화콘텐츠 관련 학회와도 긴밀한 관계를 맺고 있다. 천안시민의 것이기도 한 '호두생명산업연구소'의 행로를 지켜봐 주기 바란다.

천안광덕호두, 스토리로 승부하자

천안 땅과 호두의 인연은 잘 알려져 있는 이야기이다. 되새기는 의미에서 간략하게 정리해볼까 한다.

호두는 2,100여 년 전 중국의 한나라 장건이 서역에서 종자 형태로 들여왔다고 전해진다. 우리나라에는 고려 때 몽골(원나라)의 몽골통역관리였던 류청신(柳淸臣)이 충렬왕16년(1290년) 9월에 왕을 모시고 갔다가 돌아오면서 어린호두나무와 열매를 갖고 왔다. 류청신은, 씨앗은 자신이 살던 광덕면 매당리 집 앞에 심고 묘목은 지금의 광덕사 경내에 심게 된다.

이렇게 보면 대략 나이가 740년 쯤 된 셈인데 지금 광덕사 앞에 있는 호두나무는 400년 정도로 나이를 추정하고 있다. 임진왜란 때 절과 함께 불에 타 광덕사 중건 시 새로 심었을 가능성이 높다고 하는데, 분명한 것은 천안과 호두의 인연은 이렇게 시작되었고, 그 후 농민들의 정성으로 한 그루 두 그루 늘려 나간 끝에 천안이 호두의 시배지이자 명산지가 되었던 것이다.

비교적 구체적인 이런 역사적 내용이 있기에, 이를 바탕으로 누구나 흥미를 가질 수 있는 천안호두 스토리를 창작하는 것도 의미 있어 보인다. 굳이 해리포터 이야기를 꺼내지 않더라도 스토리는 부가가치면에서 제조업을 월등히 능가한다. 역사나 문화나 제품에 스토리를 입혀 유통시키는 것은 이미 세계적인 추세가 되었다. 사람들은 본능적으로 스토리에 관심을 갖는다. 강력한 스토리는 그 자체로 하나의 상품이기 때문이다.

헐리우드 영화산업과 함께 일본의 만화와 애니메이션은 거대한 산업이 된 지 오래다. 이들 작품의 성공요인으로 첫째 스토리, 그리고 캐릭터를 꼽는다. 국내 중소 화장품도 스토리를 입혀 중국에서 인기몰이를 하는 경우가 적지 않다. 호두에 창의적인 스토리가 입혀질 때, 호두는 고유의 성격 외에 상상력이라는 또 하나의 생명을 갖게 된다. 그 상상력은 사람들의 마음에 호두를 심을 것이고, 그런 호두는 일회용으로 소비되는 것이 아니라 더 많이 더 오래 사람들이 찾고 기억하게 될 것이다.

호두 스토리를 창작할 때 지나치게 지역 이미지를 강조해 기획 작품처럼 만들면 실패하기 쉽다. 지역의 특성을 얼마나 잘 살렸나, 지역 홍보가 얼마큼 잘 되어 있나, 이런 것에 방점을 찍

광덕사 호두나무

광덕 버드나무 호두길

으면, 스토리는 매너리즘에 빠지게 되고 사람들에게 공감을 줄 수 없다. 지역뿐 아니라 우리나라, 그리고 세계인들이 공감할 수 있는 보편성을 내포한 이야기라야 흥미롭게 전달된다. 그런 가운데 천안호두 이미지나 상징이 적절히 스며들어 있으면 충분하다.

세계적인 고전 작품속에서 그 지역을 연상할 수 있는 것들을 살펴보아도 그렇다. 인어공주의 스토리를 접한 사람들은 코펜하겐을 떠올린다. 로미오와 줄리엣의 사랑을 통해 이태리의 베로나를 찾는다. 백제는 계백의 백제이며 신라는 김춘추와 김유신의 신라이다. 쿠바는 누군가에게는 체 게바라의 나라이고 누군가에게는 헤밍웨이의 쿠바이기도 하다.

호두 스토리는 어떻게 만들면 좋을까. 역사적 이야기를 배경으로 현재, 미래를 아우르는 시간여행도 가능하고, 일정 시점에서 호두가 배경이 되는 것도 가능하며, 그저 호두 한 알이 어떤 계기나 암시 역할을 하는 것으로도 충분할 수가 있다. 여러 지자체에서 주관한 스토리 작업들이 지금까지 그렇게 성공적이었다고 보기는 힘들다. 여기엔 관 주도의 기획작품 성격이 가장 큰 장애요소이기도 하다는 점을 간과하지 않았으면 한다. 관건은 스토리이며 열광하는 스토리면 더 좋다. 다시 말하지만 관 주도의 기획력으로 창작자들의 창의력을 기획 재단해 나가는 일은 피해야 할 것이다. 호두 이야기가 얼마나 들어가 있냐는 식으로 봐서는 답이 없다.

호두나 천안에 관한 스토리가 한두 작품으로 성과를 내기는 힘들 것이다. 창작품이 많이 나와야 하고 그 중에 한 작품만 크게 부상해도 성공일 것이다. 천안의 경우 도시 전체의 유적지 등을 따라가며 스토리를 짜 만들어가는 것도 유효하다. 스토리는 영화나 드라마나 뮤지컬의 기초가 되는 것으로 부가가치가 막대하다.

호두 스토리가, 소설로 뮤지컬로 드라마로 확산되고 사람들에게 인상적으로 각인될 때 천안은 또 하나의 이미지로 사람들의 가슴 속에서 살아가는 도시가 될 것이다. 한번 유통된 스토리는 기한 면에서도 거의 항구적이라 할 만큼 생명력이 긴 만큼, 스토리 발굴에 비상한 관심을 가질 때다.

파리에는 에펠탑, 천안에는 호두탑

대통령 소속 지방자치발전위원회에서 일을 하면서 업무상 자치단체를 방문할 기회가 잦았다. 각 자치단체들마다 각각의 특색을 살려 잘 살아보려고, 몸이 고단하도록 노력하고 있는 모습들이 감동적이었다. 특히 지역 특산품을 홍보하고 판매하기 위해 각 지역의 특산물 조형물을 곳곳에 세웠거나 세우고 있는데, 그 노력 또한 인상적이었다.

매년 개최되는 지방자치박람회에서는 전국 광역자치단체와 기초단체에서 각각의 콘텐츠를 들고 나와 부스를 설치하고 홍보에 열중하고 있고, 주민자치위원회에서도 모범적인 사례를 선보이고 있다. 세종의 경우 무궁화로 차별화를 시도하였고, 화천은 산천어, 부산영도는 고구마를 새롭게 브랜딩해 마케팅 하고 있었다. 이밖에도 사소한 특산물이라도 스토리와 디자인으로 '명품화'시켜 주민소득증대를 위해 열정을 보이는 모습들이 돋보인다. 이런 광경들을 보며 전국 최고의 브랜드 가치를 갖고 있는 천안 광덕호두에 대해 다시 생각해 보지 않을 수 없었다.

그렇지 않아도 천안을 대표하는 특산품 중 하나인 호두 조형물을 세우자는 의견이 많다. 반가운 일이다. 한 가지 바람이 있다면 '파리'하면 떠오르는 에펠탑엔 미치지 못하더라도, 기왕에 세운다면, 천안을 찾는 분들의 뇌리에 새겨질 수 있게 제대로 만들어 아주 적절한 곳에 세웠으면 한다.

사람들이 그 앞에서 약속을 잡을 수 있는 장소이거나, 적어도 이정표 역할을 할 수 있는 곳이면 좋을 것 같다. 잠실 롯데호텔 앞엔 롯데의 상징물인 '너구리 동상'이 있는데 지역의 랜드마크가 되어 사람들이 그 앞에서 약속을 많이 잡는다. 차로 픽업하는 장소로도 자주 이용되는데 사람들이 이 너구리상을 두고 '곰돌이 아냐? 이거 호돌이 같은데' 하고 헷갈려 하기도 한다. 호두 조형물이 세워진다면 그런 일은 없을 것 같다.

아무튼 천안 시민들이나 천안에 오시는 분들이 쉽게 기억하고, 그 이름을 자주 듣게 되고, 그 모습을 SNS 상에서 자주 볼 수 있는 그런 조형물이기를 바란다. 바라보면 행복해지고 사랑하고 싶어지는 조형물이면 더 바랄 나위 없을 것이다. 먹고 싶어지는 건 그 다음 일이라도 말이다.

영덕꽃게 상징물

법성포 굴비 상징탑

상주 곶감 상징물

무안 양파 가로등 조형물

구룡포 과메기 상징탑

용대리 황태 조형물

장호원 복숭아 조형물

청양고추 조형물

전국적으로 알려진 특산품 조형물을 소개하자면, 호두 1.5m짜리 알호두 조형물, 포항 과매기, 청양 고추, 장호원 복숭아, 용대리 황태, 영덕 꽃게, 법성포 굴비, 상주 곶감, 무안 양파 가로등 등이 있다. 호두 조형물에 대한 아이디어나 가장 적절한 위치에 대한 논의가 활발해지기를 바란다.

이와 함께 천안의 상징물에 대해서도 얘기해 볼까 한다. 상징은 추상적인 사실이나 생각, 느낌 따위를 대표성을 띤 기호나 구체적인 사물로 나타내는 것을 뜻한다. '천안' 하면 가장 먼저 무엇이 떠오르는가? 천안삼거리, 호두, 능수버들, 유관순, 독립기념관, 순대, 거봉포도, 배 등이 있을 것이다.

천안 관내를 둘러보며 천안 이미지를 떠올릴 만한 상징조형물 몇 곳을 살펴보았지만 딱히 크게 와 닿는 것은 없었다. 삼거리공원에도 천안 상징조형물이 제법 크게 서 있지만 시민들이 대부분 잘 모르는 형편이다. 기왕에 돈을 들여서 세울 것이라면 천안을 찾는 분들께 한번쯤 소개하고 자랑해 볼 만한 상징조형물이었으면 좋겠다. 천안의 상징 또는 도시 이미지나 브랜드는 바로 시민 자긍심과 함께 경제적 부가가치와 직결되기 때문이다.

세계 각국의 유명 조형물들이 가끔 인터넷상에 올라온다. 그

천안IC입구 '대형 태극기'

충무병원 앞 '유관순 동상'

남파오거리 '횃불낭자'

소정면 인근 1번국도 '횃불낭자'

병천 유관순 사당 입구 '새천년의 상'

아리라오광장 코헤이 나와의 '메니폴드'

삼거리공원 '천안상징조형물'

호두나무 전래 사적비

중에는 한국 여행객들이 올린 사진들도 꽤 있다. 천안상징 조형물이 세워진다면, 외국 관광객들도 즐겨 담는 멋진 작품이면 좋겠다. 세계가 실시간으로 공유하고 볼 수 있는 시대이다. '천안이 어디길래, 이렇게 멋진 조형물이 서 있지?' 그런 탄성을 들을 수 있기를 기대해 본다. 그러려면 먼저 인상적이면서 멋진 조형물을 구상해야 할 것이다.

누가 봐도 이것이 천안호두 조형물이고 저것이 천안 대표 상징물이다라는 소리를 들을 수 있을 날을 손꼽아 기다려 본다.

'하숙생'을 아시나요

'인생은 나그네길, 어디서 왔다가 어디로 가는가 ~' 이렇게 시작하는 가요 '하숙생'을 아시는지.

김석야 선생 자료사진

가수 최희준 선생이 특유의 저음으로 불러 국민가요가 된 '하숙생'의 노랫말을 쓴 고(故) 김석야 선생의 고향이 천안 입장이라는 사실을 잘 모르는 천안시민들도 적지 않을 것 같다. 나이가 좀 있는 분들은 TV가 대중적으로 보급되기 전 여름밤, 멍석을 깔고 모여 앉아 라디오 연속극을 듣던 추억이 있을 것이다.

노래 '하숙생'은 64년 라디오 인기드라마 하숙생의 주제가였고, 드라마와 노래 모두 공전의 히트를 쳤다. 1966년 신세기 레코드사에서 나온 앨범에도 수록되었다. 우리나라 최초의 텔레비전 연속극 '서울의 뒷골목'을 비롯해 수많은 라디오 드라마를 집필하며 많은 사랑을 받아온 김석야 선생은, 63년 계룡산 동학사에 갔다가 사찰 쓰레기장에 버려진 여인의 잘린 머리카락 한 뭉텅이를 발견하고, '인생은 공수래공수거'라는 화두를 안고, 집으로 돌아와 하숙생 노랫말을 썼다고 한다.

훗날 김석야 선생은, 잘려진 머리카락에서 얻은 영감과 삼남의 길목이었던 천안삼거리를 배경으로 노랫말을 썼다고 회고하셨다. 이에 2000년 천안문화원 민병달 원장을 중심으로 노래비건립 추진위원회가 만들어져 성금을 모았고, 이듬해 7월 삼거리공원에 하숙생 노래비가 세워지게 되었다. 이각갤러리 설립자 이종각 선생이 디자인을 자문해주셨고, 인영선 선생께서 노래비 글을 새겨주셨다. 노래비 뒷면에 뜻을 모아주신 분들의 이름이 적혀 있다. 끝부분엔 당시 언론에서 시민사회 활동을 하던 이창수의 이름 석자 李昌洙도 새겨져 있으니, 부끄럽지만 감사하고, 영광스러운 일이다.

> '강물이 흘러가듯 떠도는 여울져 가는 길에 정일랑 두지 말자. 미련일랑 두지 말자.'

가사만 보면 불교에서 '모든 것이 곧 공'이라는 즉 색즉시공(色卽是空)의 의미가 담겨 있는 것 같기도 하다. 석가모니는 집착과 번뇌 등 우리가 실재한다고 믿는 것들이 실은 허상임을 깨우치면서 마음의 티를 없앨 것을 주문하고 있다. 그러나 중생인 우리 속세인이 무슨 수로 만물과 마음을 공으로 돌리겠는가. 그 완화된 표현이 김석야 선생이 작사한 하숙생 노랫말에 나타나 있고, 이 정도만 해도 인생무상을 깨닫는 데는 부족함이 없다고 하겠다.

그런데 나는 노래 속 이 가사를 내 식으로 해석해 보고 싶다. '살아 있는 동안 아낌없이 정을 쏟고 미련 없이 사랑하다 가자'고 말이다. 진정 그렇게 살았을 때라야만, '정일랑 두지 말자, 미련일랑 두지 말자'고 그렇게 말할 수 있을 것 같아서이다. 선생도 이런 속뜻을 품고 있지 않았을까 감히 유추해본다.

김석야 선생이 작사하고 MBC 경음악단 단장을 지내신 김호길 선생이 작곡해 최희준이 부른 '하숙생'은 우리 가요사의 명곡이며 최백호 같은 뛰어난 가수를 노래의 길로 인도한 멘토 같은 곡이었다. 노래 '하숙생'은 지금도 각종 음악회에서 빠지지 않는 연주목록이 되어 있다. 가사가 시적이기로는 프랑스 샹송이 대표적이지만, '하숙생'은 우리네 인생의 의미를 물으며 우리 정서에 보다 친밀하고 정감 있게 젖어온다.

하숙생 노래비

선생은 1929년 충남 천안에서 태어나 뛰어난 방송평을 쓰시다가 서울중앙방송국에 스카웃되어 편성계장을 지냈고, '꿈은 사라지고', '사랑은 흘러도', '하숙생', '내 주먹을 사라', '명동 아줌마'외 다수의 라디오 드라마 작품을 왕성하게 집필하셨다. 방송위원회위원을 지내셨고, 2000년 10월 1일 향년 71세로 별세하셨다.

천안 삼거리공원에 가시거든 특이하게 생겨 쉽게 눈에 띄는 하숙생 노래비를 찾아보시고 가사를 다시 한 번 음미해보는 것도 좋을 것이다. 인생은 나그네길이고 우리도 그 순간만큼은 나그네가 되어 천안삼거리에 서 있다.

빌 게이츠와 천안의 도서관

천안에 8번째 공공도서관인 청수도서관이 2018년 5월 개관을 앞두고 있다. 천안 신거주지로 부상하고 있는 청수지구에 세워지는 청수도서관은 총 4층으로, 2층은 영어특화도서관이고 4층에는 요즘의 추세인 북카페가 들어설 예정이다. 현재 천안에는 중앙도서관을 선두로 산하 7개 공공도서관과 16개의 작은 도서관이 운영되고 있다.

빌 게이츠가 어려서부터 매일 동네 도서관이나 학교 도서관에 출근할 정도로 책을 좋아했다는 건 잘 알려진 사실이다. 빌 게이츠는 인터뷰에서 "내가 어릴 적 책을 그렇게 열심히 읽지 않았다면, 우리 동네와 우리 학교에 도서관이 없었다면 오늘날의 빌 게이츠는 없었을 것이다."라고 말했다.

이 말은 여전히 유효할까. 마이크로소프트사의 창업주로 인터넷 대중화 시대를 연 빌 게이츠이기에, 책과 컴퓨터는 좀 상충하는 개념 아니냐는 의문이 있을 수 있기에 하는 말이다. 빌 게이츠는 도서관 건립 등에 수억 달러를 기부하고 수많은 도서관을 주기적으로 방문하고 있는 것으로 알려져 있다. 도서관에서도 컴퓨터로 작업하는 광경들을 본 빌게이츠는, '그래도 책은 여전히 없어지지 않을 뿐더러 본연의 가치를 빛낼 것이다.' 라고 말하고 있다.

빌 게이츠는 공공도서관이야말로 미국 사회와 민주주의의 기본을 이루는 제도라고 믿고 있다. 더불어 공공도서관이, 중요한 핵심 정보에 접근할 수 있는 사람들과 그럴 수 없는 사람들 간의 간격을 메우는 다리가 되기를 희망한다고 했다. 빌 게이츠의 생각이지만 이 말은 우리에게도 적용된다. 인터넷 정보가 넘쳐나지만 심층적이고 전문적인 분야는 여전히 종이책이 감당하고 있는 부분이다. 책을 탐독한 사람과 그렇지 못한 사람들 간의 간격은 앞으로 정보화시대에서도 쉽게 좁혀지지 않을 것 같다.

한국의 빌 게이츠를 꿈꾸는 젊은이들은 수없이 많지만 빌 게이츠처럼 되기 위해서 책을 찾아 읽는 젊은이들은 그다지 많지 않아 보인다. 도서관을 시험 대비 학습용 공간으로 주로 이용할 뿐 본격적인 독서를 하는 경우는 드물다.

천안청수도서관

독서 형태도 젊은이들은 판타지 소설이나 취업용 책 등 가벼운 읽을거리에 치중하고 있다. 인문학 도서나 분야별 전문도서나 관련 참고도서의 열독률은 낮은 편이다. 우리나라의 1인당 년 독서량은 2016년 17.3권으로 2년 전인 16.5%보다는 다소 늘었지만 독서인구는 54.9%로 역대 최저치를 기록하고 있다. 스마트폰, 영상문화가 대세라 하지만 안 읽어도 너무 안 읽는 형태가 장기간 지속되면서 지식사회의 근간이 되는 출판시장의 위축과 함께 지식과 정보 축적의 빈곤이 가속화 되고 있다. 걱정하지 않을 수 없는 상황이다.

국민 독서 공간인 도서관의 역할은 중요하다. 도서관은 접근성이 우선시되기 때문에 지역마다 있는 것이 바람직하지만. 도서관으로 발길을 돌리게 하는 것은 행정상의 조치만으로는 어렵다. 천안시 도서관들이 정부의 지자체 도서관 컨설팅 사업의

1차 대상으로 선정되면서 그 결과가 지난 4월에 나왔다. 여러 문제점이 지적되었지만 도서관을 이용하는 시민 입장에서도 몇 가지 문제점과 요구사항이 있다.

우선 독서 환경이 미흡하다. 모든 도서관이 골치를 썩고 있는 것은 중·고등학교의 학기 내 시험기간이 다가오면 독서를 하는 곳인 종합문헌실의 자리가 온통 학생들의 차지가 된다는 점이다. 자리가 없어 여기서라도 공부하겠다는 학생들의 의지를 꺾는 것은 잔인할 수도 있지만, 일반 독서를 하는 이들이 시기와 상관없이 충분히 자리를 확보하게끔 하는 방안을 도서관마다 특성에 맞게 마련할 필요가 있다.

도서관도 복합문화공간의 개념을 갖추는 추세이지만, 시설과 분위기 여하에 따라 이용률에 차이가 날 수 있다. 북카페가 인기인데 도서관 북카페는 일반 사설 카페 못지않은 세심함과 특성을 갖출 필요가 있다. 모임의 장소로 자주 이용되도록 분위기를 조성하면 좋을 것이다. 분기별로 인문학강사나 유명저자를 섭외해 강연하는 것도 도서관의 부대 업무인데, 유명 베스트셀러 저자도 좋지만 유명세보다는 콘텐츠 면에서 좀 더 양질의 강사를 섭외해 새로운 지식과 정보를 제공하는 것도 도서관이 노력해야 할 점이다. 도서관마다 유명 저자 모시기 경쟁에 나서는 것은 독서 저변 확대에도 큰 도움이 되지 않는다.

실로 도서관에서 할 수 있는 일은 매우 많다. 제 2의 삶을 위해 새로운 분야에 도전하려는 시니어분들이 도서관을 많이 찾고 있어 그들을 위한 기획도 중요해지고 있다. 전문기관을 찾아가기 전의 예비단계 교량의 역할을 도서관이 할 수도 있을 것이다. 경력단절 여성들이 재충전할 수 있는 곳도 도서관이다. 이들이 자녀를 어린이 도서관에 데려다 놓고 전문분야에 대해 학습하는 데 여러 도움을 줄 수 있는 환경이 필요하다.

독서 환경 조성에는 도서관 등 특정단체들의 역할만 중요한 게 아니다. 천안 삼성디스플레이가 2006년부터 학교 등 기관 도서관에 우수도서를 지원하고 독서공간 리모델링 작업을 꾸준히 해 온 건 기업이 지역주민들 특히 청소년들의 미래를 위해 공헌할 수 있는 일에 대해 생각거리를 던져준다. 지역기업들이 도서관이나 여타 문화 지원에 더 많이 적극적으로 참여할 수 있도록 시의 지원체계도 강화되었으면 한다.

도서관의 최종 목표는 지역주민이 책을 읽게 하는 것이다. 도서관에 가는 일도 그렇지만 무엇보다 독서 행위 자체가 즐겁고 뿌듯한 일이 되어야 한다. 정부와 지자체들도 전문가들과 함께 뭔가 장기적으로 실효성 있는 방안들을 마련해야 할 것이다. 그동안 정책이나 방안이야 무수히 나왔지만 별로 실효성이 없었기 때문에 하는 말이다.

이제 반려식물이다

20여 년 전 등산길에서 있었던 일이다. 주차장 주변에서 더덕을 파시는 할머니에게서 더덕 한 뿌리를 얻었다. 그걸 화분에 심었더니 신기하게도 맑은 녹색의 싹이 올라오기 시작했다. 쑥쑥 커 오르는 더덕줄기가 보기 좋아 애지중지 기르다, 비 오는 날 빗줄기를 맛보게 할 요량으로 아파트 입구 잔디밭에 내놓았다. 한 시간 정도 되었을까. 더덕향을 따라온 양상군자께서 슬쩍 들고 가셨다. 얼마나 서운하던지!

장터에 갔다가 할머니께서 더덕뿌리를 파시는 걸 보고, 서운했던 옛 생각이 문득 떠올라 몇 뿌리를 샀다. 화원으로 달려가 부엽토, 마사토, 화분을 사서 돌아오는데 그렇게 설렐 수가 없었다. 5천 원이 이런 기쁨도 주는구나 하면서 화분에 더덕뿌리를 심었다. 물을 듬뿍 주고 기다렸더니, 일주일 만에 연녹빛 싹이 올라왔다. 흙에 심고 물을 준 뒤 기다렸으니 당연히 싹이

더덕

올라와준 것이지만, 신기하기도 하고 뿌듯하기도 했다. 싹이 자라고 열매 맺는 것을 아주 가까이서 보고 자란 시골출신이지만, 그래도 장난 같은 더덕 싹틔우기가 새롭고 재미있기만 했다.

싹이 올라 온 네 뿌리 중 세 뿌리를, 약속한 바도 있고 해서 이웃분들께 기쁜 마음으로 나눠드렸다. 줄기가 올라오는 더덕화분을 베란다에 두면 더덕향이 집안에 가득하다. 자녀가 있는 가정에 선물로 주면 좋을 것 같다. 이름표를 달아 직접 물도 주고 가꿔 보라고 하면 신나 하지 않을까. 아이들은 그걸 아침저녁으로 들여다보며 대화까지 한다.

더덕이 아니더라도 적당한 식물을 심은 화분을 하나씩 맡겨, 잘 길러보게 하면 어떨까 싶다. 이런 경험은, 책에서 배우는 인성교육, 생명존중 교육보다 훨씬 생동적이고 오래 갈 것이다. 그게 아니더라도 아이들이 그냥 재미를 느끼는 것만으로도 충분할 것 같다. 그저 지나가면서 보는 재미와는 또 다른 기쁨을 자녀들이 느낄 수 있을 것이다. 그 기쁨 속에 생명을 보살피고 소중하게 여기는 마음이 싹틀 것이다. 그건 정말 예쁜 마음이 아닐까?

그렇지 않아도 개인주택이나 아파트에 화초와 나무 등 식물을 키우는 사람들이 늘어가고 있다고 한다. 번잡하고 바쁜 도시생활에서 적어도 집에 있을 때만이라도 정서적 안정감과 힐링 같은 휴식을 취하고자 함이다. 그래서 반려동물에 빗대어 반려식물이라는 말까지 생겨나고 있다. 개나 고양이처럼 생동감은 없지만 뒤치닥거리 등 신경은 덜 쓰이는 편이고 말 없는 가운데 교감이 이뤄지기도 한다. 공기정화와 냄새제거 효과도 탁월해 공기정화용 식물이 가장 인기 있다고 한다.

여성분들은 아이를 낳고 기르는 모성이 있어 그런지 남성들보다는 훨씬 세심하게 식물을 보살피고 키우는 능력이 더 뛰어난 것 같다. 남편에게 집을 맡기고 얼마간 어딜 다녀오면 화분이 바짝 말라 있더라는 말들을 많이 한다. 그저 화분에 물만 주면 되는 일인데도 남편들은 마냥 잊어먹는다는 것이다. 자녀들에게 권하기 전에 남자들부터 관심을 가져야 할 것 같다. 무심한 남자들이 식물과 생명에 관심을 갖게 하려면 어떻게 하면 될까? 복잡한 걸 싫어하는 남자들에겐 많은 처방이 필요하지 않다. 베란다나 눈에 잘 띄는 곳에 '화분 물 주기'라고 크게 써 붙여 놓는 수밖에 없다. 그럼 한 번씩 깜짝깜짝 놀란 남자들이 화분을 살피고 물을 줄 것이며, 식물과의 교감은 그 다음에 알아서 이루어지게 두면 된다.

요즘은 스마트 인테리어 화분이라는 것도 나왔다. 화초를 씨앗부터 키워 싹이 나고, 꽃을 피우고 열매를 맺는 과정을 직접 볼 수 있는 서비스 제품이라고 한다. 최적화된 배양토에 산소와 물공급도 자동으로 조절된다고 하는데, 아이들이 좋아할 만한 제품이기도 하고 식물에 관심을 갖게 하는 데는 효과가 있을 것 같기도 하다. 하지만 수고롭게 직접 손이 가는 것만 할까 싶다. 직접 키우면서 식물이 무엇을 원하는지, 식물의 기쁨과 고통 등을 함께 느끼는 것이 보다 의미 있을 것 같다. 암튼 본질은 하나다. 생명을 귀히 여기는 것, 그 마음이 우리에겐 보다 더 요구되는 것이다.

식물도 사랑하는 마음을 전하고 좋은 말을 해주면 기뻐하고, 해를 가하면 고통을 느낀다는 연구결과가 있다. 동물이건 식물이건 애정을 쏟고 보살피는 마음은 고스란히 자신에게 되돌아온다고 본다. 순천에서 세계정원박람회가 열렸을 때 많은 관광객들이 다녀 간 바가 있지만, 사람은 누구나 마음속에 자신만의 정원을 또 하나 갖고 있는 게 아닐까? 그곳에 생명을 보듬고 있는 한 우리 마음이 황폐하게 시들 일은 없을 것 같다.

흙에서 태어나 흙으로 돌아가는 삶

사람이 흙으로 돌아가 생명의 씨앗이 되자는 친환경매장법이 소개된 적 있다. 거대한 씨앗 모양의 캡슐에 시신을 넣어 작은 나무 한그루 밑에 매장하자는 건데. 캡슐은 100% 흙에 녹는 전분으로, 캡슐과 시신이 땅에 스며들어서 그 위에 연결된 나무의 거름으로 되돌아가게 되는 이치다. 이탈리아 디자이너 부부가, 자연의 섭리가 그대로 담겨 있는 매장법을 고민하다 이 프로젝트를 착안했다고 한다.

이 부부는, 죽음은 신비하고 신성한 것이며 탄생과 성장을 비롯해 종교, 문화 등 인간이 피할 수 없는 삶의 모든 과정이 결국 죽음과 연결되어 있다고 말하고 있다. 친환경 매장에 대한 필요성과 인식 확산을 기대하며 목표는 메모리얼 숲을 조성하는 것이라고 한다.

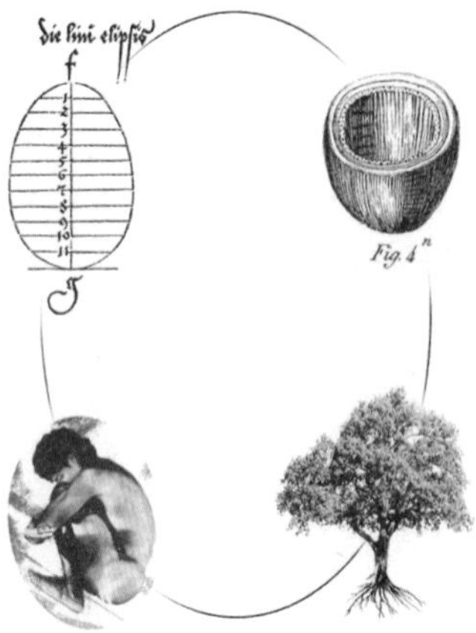

어디든 나무가 있고 숲이 있다. 그리고 인간은 자연으로 돌아간다. 그 뒤, 거름이 되고 다시 씨앗이 된다. 그런 의미에서 씨앗은 생명이다. 자신이 죽어 씨앗으로 또 하나의 생명이 된다면 의미가 있지 않을까? 하지만 씨앗은 씨앗이되 어떤 씨앗이냐가 중요할 것 같다. 탐욕과 거짓으로 일관한 삶이라면 그 삶이 씨앗이 된들 어떤 싹을 틔울 수 있을까? 그래서 좋은 씨앗이 되기 위해서라도 우리의 삶은 선하고 아름다울 필요가 있지 않겠는가.

흙의 중요성이 새롭게 인식되면서 '흙의 날'도 제정되었다. 지난해 법정기념일로 지정되어 올해로 2번째를 맞이했다. 흙을 살리는 것이 생명을 보호하는 것이라는 면에서 흙의 소중함을 깨닫기 위해 만들었다고 한다. 흙은 지구의 피부이자 속살이다. 모든 식물이 태어나 자라는 터전이며, 집을 지을 수 있는 기반이며, 그 속에 온갖 생명과 미생물이 살아가는 또 하나의 우주라고 할 수 있다.

흙의 날인 3월 11일의 3은 하늘, 땅, 사람 그리고 농업, 농촌,

농민을 뜻하고, 11은 10(+)와 1 (-)를 합친 흙 土 자를 상징한다고 한다.

케빈 코스트너가 주연한 '워터월드'라는 영화를 부면, 극지방의 빙하가 녹아 지구표면 전체가 물로 덮이고, 그나마 살아남은 사람들이 생존투쟁을 벌인다. 이 영화에서 흙은 가장 귀한 보물이며 한줌 흙을 차지하기 위해 목숨을 거는 장면도 많이 나온다.

물, 공기, 흙. 우리가 생존하는데 가장 중요한 것들이지만, 우리는 그 존재조차 의식하지 못하고 살아가고 있는 것은 아닌지 모르겠다. 하긴 건강에 저해된다 싶으면 찾아 나서기는 한다. 물만 해도 수돗물이 안전하다는 수자원공사의 지속적인 홍보에도 불구하고 사람들은 그래도 하고 생수나 정수기물을 찾고 있고, 공기도 황사나 미세먼지를 걱정하면서 피톤치드가 나오는 수목원을 찾거나 심지어 '산소방'이라는 곳까지 돈을 내고 들어간다.

흙은, 시멘트와 콘크리트 환경에 갇혀 사는 우리에겐 굳이 찾아 나서지 않으면 발견하거나 딛기 어려운 존재가 되어 가고 있다. 그래서 실내에서는 화분의 흙이라도 반갑고 소중하게 다가온다. 사람들은 등산을 가거니 시골길을 걸으려 하고, 산책로에서도 포장 안 된 흙길이 눈에 띄면 일부러 밟아 본다.

흙은 우주와 생명의 기운을 느끼게 할 뿐 아니라 정서적으로도 친밀하거나 안정된 느낌을 갖게 한다. 건강을 위해 찜질황토방을 찾는 발길들도 분주하다. 아토피 등 피부병이 번지면서 친환경재료인 목재, 한지, 황토 등을 쓰는 한옥의 인기도 점점 올라가고 있는 추세이다. 우리 인체는 죽으면 시멘트나 콘크리트가 되지 않는다. 흙으로 돌아간다. 인체는 자신과 닮은 것에 끌린다. 그래야 건강도 보장된다.

'흙의 날'이 제정될 정도이니, 평소엔 의식조차 하지 못하는 흙의 존재가 우리 심신의 건강과 인류생존에 있어서 얼마나 소중한 것인지 새삼 깨달으며 오늘도 흙길을 찾아 집을 나서본다.

제2장

나라 이야기

'나라 이야기'에 쓰인
통계와 지표 등은
정부 홈페이지 및 언론 기사를
토대로 쓴 것임을 밝힙니다.

소득주도 성장, 조삼모사의 제로섬(zero—sum) 게임

소득주도 성장, 2017년 장미대선으로 집권한 문재인 정부의 경제사회 정책 전체를 관통하는 키워드다. 기획재정부는 새 정부 경제정책방향을 발표하며 소득주도 성장으로 경제 패러다임을 근본적으로 바꿔, 성장과 분배의 선순환을 복원하겠다고 밝혔다. 소득주도성장이란 무엇인가?

'전쟁의 폐허'에서 '한강의 기적'까지

국토분단의 아픔을 남긴 한국전쟁의 폐허 속에서도 고속성장을 거듭하며 눈부신 발전을 이뤄낸 한국의 경제성장을 가리켜 세계인들은 '한강의 기적'이라 불렀다. 임시정부 수립 이래 미국의 원조에 기반을 뒀던 우리경제의 위기상황은 이승만 정권 말기부터 장면, 박정희 정권 초반까지도 수습될 기미를 보이지 않았다. 1960년대 초반 모든 학교에서 점심을 굶는 아동 수가

50%를 넘어서고 있었으며, 학교에서 나눠주는 옥수수빵 한 조각을 품에 넣고 돌아가 동생들과 나눠먹는 소녀의 모습은 어디서나 흔히 볼 수 있는 장면이었다.

1964년 수출중심 경제정책을 시작하면서 고속 성장한 우리 경제는 1970년대 고속도로와 철도, 항만, 통신시설 등 국가 기반시설을 건설했다. 포항제철과 중화학 공업 단지 건설 등을 거쳐 한국은 공업국으로 발전했다. 여기에 새마을 운동이 시작돼 농촌 경제도 살아났다. 고속도로와 중공업 등 국가 차원 인프라와 함께 해외 차관, 독재에 따른 강력한 재정·금융 정책들이 투입됐다. 이에 따라 수출산업이 급성장, 1977년에는 수출 100억 달러를 달성했다. 이를 기반으로 1980년대 전자제품과 자동차, 기계, 철강 등 중화학 제조업 수출 기반을 견고하게 닦은 한국은 1인당 국민 소득 5천 달러를 달성했다. 한국전쟁 휴전 후 10여 년 만의 일이다. 이것이 '한강의 기적'이다. '선택과 집중'에 기반한 관 주도의 대기업 중심 성장전략이 이룬 '양지'의 모습이다.

그러나 압축성장에는 폐해가 따르기 마련이다. 앞서간 선진국들이 경제는 물론 정치, 사회, 인문, 철학과 교육제도까지 아우르며 백년 이상의 시간동안 이룬 것을 너무나 빠른 시간 안에 이루고, 때로 건너뛴 한국 사회 곳곳에선 문제가 발생하기 시작한다. 수도권 과밀화에 따른 국토 불균형 발전, 대기업 중심 성장정책에 따른 기업 구조 불균형, 양극화에 따른 사회갈등 심화 등이 그것이다. 2007년 10대 그룹의 시가 총액은 우리 경제의 40.7%를 차지했는데, 2017년 11월에는 52.8%로 늘어났다. 대·중소기업간 임금과 생산성 격차는 해마다 더 벌어지고 있다. 물론 이들 기업에 고용된 근로자의 임금수준 격차는 더더욱 더 벌어지고 있다.

문재인 정부의 공공일자리 81만개 창출 공약, 소득주도 성장 경제 패러다임의 정당성을 강변해주는 시대적 배경이라 할 수 있겠다.

"소득주도 성장은 '분배'가 아닌 소득의 이전, 제로섬 게임이다"

또다시 성장이냐, 분배냐의 이슈로 회귀하는 것일까?

세계적인 저성장 기류 속에 각국의 자국 중심주의, 보호 무역주의 경향이 강화되고 있다. 우리 한국사회에서 청년층의 실업률은 나날이 심각해져가고 초고령사회로의 진입도 머지않은

저출산 고령화의 시대적 과제는 눈앞의 현실이다. 대기업 위주의 관 주도 성장전략은 배고픔은 면하게 해 주었을지 몰라도 양극화와 사회갈등을 심화시켜왔다. 파이를 키워 나누겠다는 '낙수효과'를 노린 경제정책이 실패했다고 가정한다면, 가계 소득을 증대시켜 소비로 연결하고 이를 통해 기업의 성장을 꾀한다 - 는 정책도 시도해볼만 하지 않은가? 결론부터 말하자면 '아니다'.

성장이냐, 분배냐의 이슈는 늘 고민할 문제다. 정답과 해법이 정해져 있는 것이 아니기 때문이다. 살아 움직이는 경제 상황에 맞춰 늘 균형점을 맞춰 가야 하는 것이 경제 정책이기에 관료와 학자들은 성장과 분배 사이에서 늘 갈등하고 연구한다.

그러나 소득주도 성장은 어떤가? 한국 현대경제학의 초석을 다졌다는 평가를 받는 원로 경제학자 조순 전 경제부총리는 <매일경제>와의 인터뷰에서 이렇게 말했다.

> "소득주도 성장은 본말이 전도된 개념이다. 성장을 해야 소득이 느는 것이지, 소득이 는다고 성장하는 것은 아니다. '최저임금 인상'같은 것은 새로운 소득을 만드는 것이 아니라 단순한 '소득의 이전'에 불과하다. 이전소득은 성장이 아니다"

"소득 주도 성장은 분배가 아니다. 분배는 성장을 통해 새롭게 나온 과실을 나누는 것이지만 소득 주도 성장에서 소득은 엄밀히 말해 이전 소득이다. 성장이 아니라 기존에 발생한 소득 중 일부를 이 사람에게서 저 사람에게로 이동시키는 제로섬(zero—sum) 개념이다"

그럼에도 불구하고, 소득주도 성장론의 주 대상인 중산층과 저소득층에게 최저임금 추가 인상분을 국가의 세금을 들여서라도 보전해주고 현금성 복지정책을 쏟아 부어 가계소득을 보전해주면 내수 소비가 살아나고, 기업도 성장하지 않겠느냐는 담론은 달콤하기만 하다. 국민 대다수가 혜택을 받을 것처럼 보이는 것 또한 뿌리칠 수 없는 유혹으로 다가온다. 이미 통과된 2018예산안의 대부분을 차지하는 이 예산들은 지방선거를 앞두고 벌일 캠페인에도 적지 않은 효과를 거둘 것이 자명하다.

그러나, 결국 조삼모사. 소득의 이전, 세금을 통한 국가재정 직접 투입으로 끌어올릴 수 있는 '성장'이란 것이 존재하기는 하는 것일까? 이 '소득주도 성장'의 전제조건으로 작용해야만 하는 것은, 이렇게 보전 - 증대된 가계소득으로 내수소비, 소비 확대가 일어나야 한다는 것이다. 그러나 당장 약간의 소득 증가가 소비 확대로 이어질 수 있을까? 또한 약간 늘어난 소득을 모두 지출해 필요한 물품을 조금 더 소비할 수 있게 되면 국민 삶의 질이 정말 나아지는 것일까?

소득이 늘어나면 소비가 살아난다? 대다수 "부채상환 후 저축"

이 지점에서 두 가지 딜레마에 봉착한다. 선진국을 비롯한 유사 사례에 비춰 볼 때 미래에 대한 불안이 클수록 소득은 소비보다 저축으로 이어지는 경향이 크다. 특히 현재 우리 상황처럼 1,400조를 훌쩍 넘긴 가계부채 문제가 심각한 상황에서 늘어난 소득은 소비보다 부채 상환에 우선될 수밖에 없다. 우리보다 앞서 '잃어버린 20년'을 겪은 일본에서도 미래에 대한 걱정으로 늘어난 소득을 대거 저축하는 현상이 벌어졌다. 더 큰 문제는 국가 재정을 투입해 가계소득을 보전해주면 소비가 늘어난다는 첫 번째 전제가 깨짐으로써, 그 다음 단계인 소비 확대, 투자 증대, 기업 혁신, 성장 등으로 이어지는 '선순환' 경로가 끊어진다는 데 있다.

노동시장 전망은 소득주도 성장의 전망을 더욱 불투명하게 만들고 있다. 최저임금 인상, 비정규직의 정규직화, 성과급제 폐지, 노동시간 단축 정책을 펴면서 동시에 민간에서 일자리가 늘어날 수 있는 것일까? 문재인 정부의 '소득주도 성장' 모델인 덴마크의 플렉시큐리티(flexicurity)는 유연성(flexibility)과 안전성(security)의 합성어로 노동시장의 '유연성'을 갖추면서도

'사회안전망'을 확충해 안전성을 동시에 추구하는 고용복지 제도다. 그러나 우리는 플렉시큐리티의 양대 요소 중 '노동유연성'은 쏙 빼놓고 노동 경직성을 강화하는 정책을 펴면서 소득주도 '성장'을 하겠다며 '경제 패러다임의 전환'이라 하니 이를 두고 뭐라 비유하면 좋을까.

이미 예산안은 통과됐고 공공 일자리는 늘어나고 있으며, 최저임금도 확정돼 인상 보전금 집행도 예정되어 있다. 어려운 경제학 이론과 전문 용어로 빼곡한 경제정책은 국민들이 이해하기 어렵다. 쉽고 달콤한 말로 포장된 당장의 과실이 달게 느껴질 수밖에 없다. 그러나 이대로 좋은가?

경제학자도 아니요, 경제 전문가는 더더욱 아니지만 '정치'를 하겠다고 나선 이상 누구에게나 가장 중요한 '먹고사는 문제'를 고민하지 않고 무슨 이야기를 할 수 있을까. <창수생각>을 써 내려가는 이 글의 두 번째 장, '나라 이야기'의 첫 단락에서는 2018년 우리 앞에 펼쳐질 경제정책과, 실제 우리 가정에 미칠 영향들, 그리고 내가 생각하는 경제정책의 바람직한 방향은 무엇인지 투명하게 이야기해 보고자 한다.

성장동력 없는 2018예산 429조

소득주도 성장의 근간은 케인스의 불황 타개책

'한국의 케인스'로 불리는 조순 전 경제부총리는 후학들을 위해 케인스의 명저 <고용·이자 및 화폐의 일반이론>을 번역, 출간했다. 문재인 정부 소득주도 성장의 근간이 되는 이 책에서 케인스는 경제위기 극복을 위해 재정 및 통화 정책을 통한 정부의 '부양책'을 강조했다. 정부가 공공사업과 복지에 재정을 과감히 풀어 일자리를 늘리고 소득을 보장해주면 유효수요, 즉 소비 여력이 생겨 경제에 활력을 불어넣는 마중물이 된다는 것이다. 고전파 경제학 이론을 기본 방침으로 삼았던 당시 영국 정부는 세계 공황 이후에도 시장에 관여하려 하지 않았다. 케인스는 자유방임주의 정책을 취하는 한 자본주의 체제에서 완전고용은 이루어질 수 없다면서, 고전파 경제학을 정면으로 비판했다.

그는 1936년 <고용·이자 및 화폐의 일반이론>을 출간하고 정부가 적극적으로 경제에 개입해 유효수요를 창출해야 한다고 주장했다. 시장기능이 작동하지 않는 - 위기, 혹은 저성장 등 극한의 - 상황에서 불황을 타개하기 위해서는 구매력을 가진 수요, 즉 유효수요가 많아져 소비가 살아나야 한다고 본 것이다. 정부는 이를 위해 국민들이 '쓸 돈'을 벌 수 있는 '일자리'를 만들어야 하며, 이 시기에는 민간에서 자발적으로 일자리가 창출될 수 없으므로 정부가 직접 개입해 '인위적'인 일자리를 만들어 '유효수요'를 만들어내야 한다는 주장이다.

1933년 취임한 루즈벨트 대통령은 대공황의 타개책으로 케인스의 정책을 받아들여 <뉴딜정책>을 폈고, 이에 힘입어 미국 경제는 살아나기 시작한다. 불황 타개책으로서 실효성을 입증 받은 케인스의 이론은 이후 많은 선진 자본주의 국가에 도입됐고, 정부의 적극적인 재정금융정책을 주장하는 케인스 학파(Keynesian school), 케인지언들이 생겨난다.

현금성 복지예산 역대 최대치… 재정적자 매년 늘어나

문재인 정부는 재정지출을 통해 복지를 확대하고 일자리를 늘려 국민의 소비여력을 뒷받침하겠다며, 일자리 중심·소득주도 성장을 정권의 정책 근간으로 삼았다. 이러한 기조의 연장선상에서 최저임금위원회는 2017년 최저임금을 대폭 상향조정했고, 영세상인과 중소기업의 부담을 덜어주기 위해 정부는 한시적으로 최저임금 평균 상향분 이상 금액에 대한 정부 직접 지원, 공공일자리와 사회적경제 활성화를 위한 일자리 창출 등의 구체적 청사진을 속속 발표하고 있다.

이 같은 기조를 반영하듯 문재인 정부의 429조 원 규모의 2018년 정부예산안은 일자리를 포함한 복지 예산이 역대 가장 높은 증가율(12.9%)을 기록해 전체 정부 예산의 3분의 1(146조 2천억 원)을 가뿐히 넘겼다. 일자리를 포함한 보건·복지·노동 분야 예산 146조 2천억 원은 2017년 예산에 비해 16.7조 원 늘었다. 이는 역대 최고 증가율에 이어 증가폭 역시 사상 최고 수치다.

이쯤에서, 그렇다면 지금 무엇이 문제인가? 하는 의문이 들 때가 되었다. 케인스 정책의 효과가 입증됐고, 문재인 정부가 그에 따라 소득주도 성장을 펴겠다는데 이 양반이 지금 무슨 얘기를 하고 싶은 건가? 하는 이런 생각. 정부 총지출 증가율은 전년(400조 5천억 원) 대비 7.1%로 글로벌 금융위기에 대응하기 위해 대규모 적자예산을 편성한 2009년(10.6%) 이후로 9년 만에 가장 높은 증가율을 기록했다. 특히 예산 지출 증가율이 7.4%로, 기금지출 증가율 6.4%보다 훨씬 높은데 이는 정부가 직접 쓰는 돈이 더 많이 늘어난다는 의미다.

앞으로 2021년까지 연평균 5.8%씩 재정지출을 늘리겠다고 하니, 매년 늘어나는 재정적자를 감수하겠다고 공언한 셈이다.

누리과정(3~5세 무상교육) 예산을 중앙정부가 책임지기로 하면서 교육 관련 지출도 64조 1,000억원으로 11.7% 증가한다. 북한의 핵、미사일 위협에 대응하고 병사들의 급여와 복지 관련 투자가 늘면서 국방예산이 올해보다 6.9% 늘어난다. 그러나 미래 먹거리, 사실은 현재의 일자리 창출과도 직결되는 SOC 예산은 20%나 줄였다. 물론 국회 심의 과정에서 너도 나누고 나도 나눠, 특히 호남지역 예산을 중심으로 일부 SOC는 살아나 최종 SOC 예산규모는 조금 늘었다.

SOC 지출의 급격한 감소는 여러 부작용을 동반할 수밖에 없다. 한정된 재원 안에서 복지예산, 그것도 최저임금 보전이나 각종 세제 혜택 등 정책 수단을 총동원한 현금성 지원 예산을 늘리기 위해 SOC 지출을 줄인 것이 아니냐는 해석은 이미 지표만으로도 충분히 보여지는 상황이다. SOC 분야는 다른 지

출에 비해 재정승수효과(재정 지출이 1단위 늘었을 때 국내총생산이 얼마나 늘었는지를 보여주는 것)가 높은 분야다. 즉 일자리 창출과 소득 인상, 유효수요 창출과 직결되는 분야라는 뜻이다. 케인스 이론에 따른 뉴딜 정책이 그러했고, 이후 케인지언들이 도입한 정책들이 그러했듯 실제 노동을 통해 생산을 창출해내는 형태의 공공수요를 만들어 왔지, 이렇듯 현금성 예산을 민간임금 보전분 조로 직접 뿌린 역사는 최소한 지구상에는 없다.

국가 성장동력을 아우르는 정책과 예산은 눈을 씻고 봐도 찾을 수 없이 당장의 포퓰리즘을 어찌할 것인가. 경제 불황 타개책으로 케인스가 주창한 정부의 부양책, 공공영역의 마중물은 결코 이런 방식은 아니었다는 것, 이전 소득을 통해 창출되는 유효수요는 없다는 것, 총생산이 늘어나기 위해서는, 경제가 성장한다는 것은 실제 노동과 생산이 일어나 시장에서 그 가격이 결정되고 이러한 과정을 통해 투입 - 산출 = 초과이윤 의 방정식이라는 것, 모두가 아는 진실에 눈을 떠야 한다는 것.

2018 예산안을 앞에 둔 <창수 생각>이다.

최저임금 7530원, '뉴 헬(New Hell)'의 시작

2018 무술년, 시급 7530원 시대가 시작됐다.

2009년 최저임금 4000원과 비교하면 무려 2배 가까이 오른 금액이다. 지난해 대비 16.4%가 오른 이 인상률은 역대 최고치다. 2020년까지 1만원으로 인상하는 것을 목표로 한다고 하니, 이대로 추진된다면 최저임금 수준이 중위소득의 70%에 육박하게 된다.

노동자 보호가 철저하기로 유명한 프랑스도 중위소득 대비 최저임금은 60% 수준이다. 영국과 독일, 일본, 미국 등 대부분의 선진국들도 최저임금 비율이 50%를 밑도는 상황에서 한국의 최저임금 인상 속도는 지나치게 가파르다는 전문가들의 우려가 연일 언론에 오르내려도 정부는 개의치 않고 정주행중이다.

"적절한 수준의 최저임금 인상만이 고용을 조금만 감소시키면서 저소득층 소득 증대에 도움이 된다는 것은 세계 곳곳에서 발견되는 사실이다. 최저임금이 중위소득의 50%를 넘으면 기업가들이 비용 부담 때문에 고용을 줄이게 된다는 것은 경제학의 불문율이다"

- The Economist, 2017. 10. 12. -

영국 유력 경제지 이코노미스트는 '지킬 수 없는 약속(Promising the Moon, South Korea tries to boost the economy by hiking the minimum wage. But at 70% of the median wage, is it going too far?)' 이라는 기사를 통해 문재인정부의 급격한 최저임금 인상에 대한 우려를 드러냈다. Promising the Moon은 직역하면 '달을 약속하다'라는 뜻이지만 영어권에선 실제로는 '지킬 수 없는 약속'이라는 뜻으로 사용되는 관용어구로 쓰인다. 여기에 Moon을 대문자로 표기해 문재인 대통령의 공약이 지켜질 수 없다는 의미로 중의적으로 표현했다고 매일경제신문이 보도한 바 있다.

문재인정부가 내년 최저임금을 올해 대비 16.4%(시간당 7530원) 인상하며 저소득 근로자의 실질소득을 높여 경제를 성장시키는 '소득주도 성장론'을 주창하고 있지만 오히려 실제론 저임금 일자리를 줄여서 당초 목표로 했던 성장도, 그리고 분배 개선도 모두 실패할 수 있음을 경고한 것이다. 원문을 그대로 해석해보면 이렇다.

> "최저임금을 급격히 올리는 것은 선진국 중에서도 시애틀과 같은 부자 도시에서나 가능한 일이다. 국가 전체적으로 한꺼번에 급격히 올리는 것은 세계적으로 극히 드문 일이고, (한국과 같은) 수출 주도형 경제에선 특히 그러하다."

우려는 이미 현실로 나타나고 있다. 한국경영자총협회가 300인 미만 사업장, 중소기업 186곳을 조사한 결과 "감원 및 신규채용 축소 등 고용축소 계획을 갖고 있다"는 응답이 42.7%에 달했다. 고용축소가 어려운 경우 제품 가격을 인상하겠다는 응답이 21.4%, 무인화·자동화를 확대하겠다는 업체가 19.5%, 아예 생산 공장 해외이전을 검토하겠다는 곳도 6.8%나 된다. 결국 중소기업의 90%는 최저임금 인상 여파를 감당할 수 없어 인력을 줄이거나 제품 가격을 올리려는 궁여지책을 찾고 있는 셈이다. 저임금 장시간 근로, 주민 갑질에 시달려온 아파트 경비원의 무인출입시스템 대체는 가속화되고 있다.

인원 감축이 어려운 곳은 상여금과 수당을 줄이고 기본급을 늘려 현재의 임금구조를 유지하려는 움직임도 보인다. 중소기

업과 영세상인들의 이러한 몸부림을 '꼼수'라며 비난하는 보도도 잇따르고 있다. 가격이 비싸면 물건을 살 수 없듯, 근로자의 임금을 감당하기 어려운 고용주는 고용을 줄이거나 대안을 찾을 수밖에 없다. 매출이 늘어나 수익구조가 개선되면 좋겠지만 지금처럼 내수소비가 얼어붙은 상황에선 현상 유지도 어려운 것이 현실이다. 삶의 질 향상을 위한 근로자의 최저임금 인상은 '절대선'이고, 법을 어기지 않고도 사업장을 유지하고자 이리저리 고민하는 영세상인의 궁여지책은 '절대악'으로 치부할 수 있는 것인가?

정부도 뒤늦게 이런저런 소상공인 지원책을 내놓고, 최저임금위원회를 통해 '최저임금제도개선TF'를 만들어 개선안을 제출받는 등 수습에 나서고 있지만 이미 엎질러진 물, 최저임금의 후폭풍은 근로자와 고용주 모두가 감당해야만 할 현실이다. 조금 더 신중을 기할 수는 없었을까?

최저임금 인상, 물가 상승률과 노동 가치 상승에 따른 적정한 인상을 반대할 사람은 아무도 없을 것이다. 그러나 '적정한 인상'의 주관성에서 이해와 생각의 대립점이 생긴다. 자발적 자

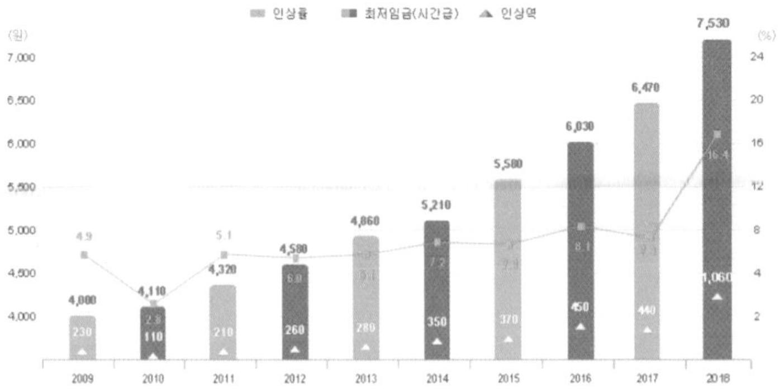

연도별 최저인금 결정현황
(출처 : 최저임금위원회 홈페이지, minimumwage.go.kr/stat/statMiniStat.jsp)

영업보다는 퇴직 혹은 사업 실패 후 생계를 위한 1인 혹은 부부 자영업자들이 절대 다수를 차지하는 한국적 현실 속에서 유례없이 가파르게 올려버린 16.7%의 최저임금 상승이 의미하는 것은 무엇일까? 한국에서 가장 많은 '직업'이라는 '사장님'들의 고된 노동은 2018년 벽두 더욱 심화되고 있다.

귀가 때 종종 들러 음료수나 간식거리를 사곤 해 안면이 있는 집 근처 **편의점 김 사장님은 12월부터 3교대로 쓰던 아르바이트생 2명을 1명으로 줄이면서부터 아직 어린 아이들을 건사하느라 집에 있던 부인도 가게에 나오도록 했다. 10개월 가까이 함께 일했던 김 양이 방학이라 아르바이트 자리가 꼭 필요하다며 최저임금을 받지 않아도 좋으니 일하게 해달라고 사정했지만, 수고했다며 몇 만원을 더 넣어주는 것으로 정리할 수밖에 없었다. 오전, 오후, 저녁시간에 부인과 함께 일하면서 밤 시간에 자신과 교대로 일하려면 아무래도 남학생을 남겨두는 것이 더 나은 선택이었기 때문이다.

최저임금 7530원 시대가 시작되며 일자리를 잃게 된 건 대부분 임시직, 그 중에서도 언제 '잘려도' 보호받기 어려운 '아르바이트생'과 그들 중에도 '여성'이 대다수다. 현장에서 체감하는 '현실'이다. 부부가 2교대로 뼈가 녹아내리도록 일을 해도 한 달 생활비, 임대료 내기 버거운 것이 오늘의 현실이다. 국민의 세금으로 민간 기업의 임금을 직접 지원해준다 - 라는 지구상에서 본 적도 들은 적도 없는 '획기적인 대책'을 내놓은 것이 불과 몇 달 전의 일이지만, 2020년 1만원 시대까지 매년 민간 임금 직접 지원 예산을 언제까지 감당할 수 있을 것이며, 이것이 과연 옳은 일일까? 국가가 최저임금보다 조금 더 나은 연봉을 받는 철수에게 소득세를 걷어, 최저임금 수준의 이웃집 갑수에게 현금으로 보태주는 웃지 못할 촌극이 과연 '공정경제'인가?

> "문재인 정부는 정부가 할 일이 아닌데 개입하고 있는 측면이 있다. 최저임금을 올해 16.4%, 몇 년 내로 1만원까지 올리자고 하는데 아주 잘못된 정책이다"

이제 구순이 된 흰 눈썹의 포청천, 조순 전 경제부총리의 말이다.

중소기업중앙회는 올해 최저임금 인상에 따른 인건비 부담만 15조 2,000억 원 이상의 비용이 더 들 것으로 보고 있다. 정부가 국민 혈세 3조 원을 동원해 근로자 30인 미만 사업장에 대해 최저임금을 보조해주기로 했지만 미봉책에 불과하다.

언제까지 어디까지 누구에게까지 국민의 세금으로 민간 기업 근로자의 임금을 보전해주겠다는 말인가?

최저임금 인상을 통해 국민 삶의 질을 나아지게 만들겠다던 장밋빛 약속은 이미 실업대란을 악화시킬 전망으로 바뀐 지 오래다. 최저임금을 곧바로 적용받는 아르바이트생, 시간제 근로자가 많은 외식업체들은 2018년 1월, 줄줄이 음식 값을 올렸다. 최저임금 인상에 따른 인건비 상승이 명분이다.

노동유연성, 보수꼴통의 부자 옹호론?

노동유연성 = 쉽게 해고하는 제도?

기업이 외부 환경 변화에 따라 신속하고 효율적으로 노동력을 활용하는 것을 '노동유연성'이라고 한다. 사용자 측의 '해고 자유' 정도로 노동유연성을 판단하며, 임금을 경영 성과에 연동시키기도 한다. 경영성과가 높은 경우 임금을 인상하고 반대의 경우 삭감하는 방식이다. 그러므로, 압축된 방식의 고속성장을 통해 노동권, 휴식권, 최저임금과 사회보험 등 근로자의 권리가 관습적으로 무시돼온 한국사회에서는 '노동유연성'이라는 말 자체에 혐오감을 느끼는 사람들이 많은 것 같다. 한마디로 쉽게 잘라 버리겠다는 해고법이 아니냐는 인식이다.

"성장과 고용, 복지가 함께 가는 황금삼각형을 구축하겠다"

문재인 정부 인수위원회에서 밝혔던 내용이다. 성장과 분배의 선순환, 성장 - 고용 - 복지가 함께 가는 경제 패러다임?

경제학을 공부하거나 선진 사례를 조금 들어본 사람이라면 알 법한 이야기, 덴마크 모델 플렉시큐리티(felexicurity) 이야기다.

플렉시큐리티(flexicurity)는 유연성(flexibility)과 안전성(security)의 합성어로 노동시장의 '유연성'을 갖추면서도 '사회안전망'을 확충해 안전성을 동시에 추구하는 고용복지 제도이다. 현재 덴마크를 비롯해 노르웨이와 스웨덴, 핀란드 등의 스칸디나비아 국가, 네덜란드 등의 국가들이 노동시장의 유연성과 안정성을 추구하는 플렉시큐리티 정책을 시행하고 있다. 덴마크는 플렉시큐리티를 통해 기업의 고용과 해고를 쉽게 해 노동시장의 유연성을 높이고, 노동자에게는 실업급여 등 경제적 지원과 직업훈련을 적극적으로 제공해 생활의 안정 및 재취업의 기회를 부여했다.

한국식 플렉시큐리티?… 노동유연성 빠진 삼각(?) 모델

분배를 통해 가계의 소비여력을 채워주면 시장에 돈이 돌고 기업은 성장한다. 연구개발과 설비에 투자할 수 있고 이는 혁신성장을 불러오며 고용여력도 상승한다. 자연스럽게 양질의 일자리가 늘어나고 이는 다시 가계의 구매력으로 이어져 경제의 활력이 되살아나는 선순환 구조가 정착된다는 것이 플렉시큐리티 모

델에서 따온 '한국식 황금삼각형 경제모델'이다. 고용시장의 유연성과 안정성을 동시에 추구하는 덴마크의 고용복지 모델로 기업에게는 해고의 자유를, 노동자에게는 경제적 지원 및 직업훈련을 적극 제공하는 것이 특징이다.

'쉬운 해고'를 위해 덴마크 정부는 인력을 자유롭게 해고할 수 있도록 법으로 명시했지만, 해고당한 노동자에게 이전급여의 90%를 보상해 준다. 덴마크 정부가 노동시장의 유연성을 보장해준 것은 '기업하기 좋은 나라'를 만들어 전체 파이를 키우겠다는 덴마크 정부의 '경제성장'에 대한 열망을 보여주는 단면이다. 덴마크에서 실업급여를 받을 수 있는 기간은 최장 4년 정도로 제한돼 있으며 직업훈련을 통해 정부가 제공하는 일자리를 특별한 이유 없이 거부할 경우 실업급여가 주어지지 않는다. 실업수당을 받는 사람은 정부가 지정하는 재취업 교육을 받고, 취업을 위한 인터뷰에 응해야하는데, 중요한 것은 재취업 교육훈련이다.

덴마크 정부는 산업 현장의 수요에 맞춰 실질적으로 활용할 수 있는 다양한 재취업 교육과정을 개설하고, 이 과정에 실업자들을 투입함으로써 기업이 당장 필요로 하는 새로운 기능 인력을 배출했다. 그 결과 해고로 인해 실업자가 되더라도 대부분 1년 내 재취업에 성공한다.

원래의 덴마크 모델은 고용유연성 + 안정성 추구
해고불안정 OECD 최저 수준

덴마크 모델은 '고용유연성'과 함께 '안정성'을 추구하는 모델로 매우 높은 비용이 소요되며, 대부분 국민의 세금으로 충당된다. 덴마크의 조세부담률은 48.8% 가량으로, 유럽에서도 최고 수준이다. 개인 소득세 최고세율은 59%에 달한다. 직종별 임금 격차 자체도 크지 않지만 과격한 누진세율을 적용받아 실제 개별 가계별 가처분 소득에서는 거의 차이가 없는 사회다. 사회경제적 합의는 물론 국민 전반의 공감을 얻지 않고서는 적용하기 힘든 조세부담률이다.

덴마크는 이렇게 충당한 세금을 복지재원으로 사용한다. 소득수준에 관계없이 18세 이하의 자녀를 둔 모든 가정에 양육비를 지원하고, 무상의료와 무상교육을 실시하고 있다. 대학생이 되면 학비 외에도 생활보조비를 받는다. 만 65세가 되면 별도의 보험금을 내지 않았어도, 노령연금 격의 기본금과 근로년 동안 납부한 국민연금을 함께 받는다. 중요한 점은 모든 대학생들이 받는 생활보조비와 모든 노인이 받는 기초연금이 '생활 가능한 수준'의 금액이라는데 있다. 국민 전체가 전 생에 걸쳐 국가의 사회안전망 아래 보호받고 있는 셈이다.

즉, 덴마크의 노동유연성은 근로 급여의 90%를 최장 4년까지 제공하고 재취업을 위한 직업훈련을 의무화해 재취업의 기회를 보장하는 촘촘한 사회안전망을 토대로 한 모델인 것이다. 고용노동부 보고서에 따르면 덴마크의 경우 매년 전체 근로자의 약 4분의 1 가량이 해고를 당하지만, 사회안전망과 재취업 지원이 잘 되어 있어 근로자의 해고 불안전성은 경제개발협력기구(OECD) 국가 중 최하위로 낮았다.

韓 노동시장 경직성 '고착화'… 국가경쟁력 발목 잡아

한국의 노동시장 경직성은 세계 최고 수준이다. 세계경제포럼(WEF)이 올해 발표한 국가경쟁력 순위에 따르면 한국은 137개국 중 정리해고 비용은 112위, 고용 및 해고 관행은 88위, 임금결정의 유연성 62위 등 노동분야 전반이 바닥 수준이다. 특히 노사협력 분야 등 노동시장 효율성과 금융시장 성숙도 등이 개선되지 않아 국가경쟁력 순위는 4년째 26위에 머물고 있다.

WEF는 한국은 "선진국 중 드물게 지난 10년간 순위 하락을 지속하고 있다"며 "특히 노동시장의 낮은 효율성이 국가경쟁력 상승을 발목 잡는 만성적 요인"이라고 밝혔다. 한국의 노동시장 양극화도 심각한 수준이다. 직원 300인 미만 중소기업의 시간당 임금이 300인 이상 대기업의 절반 수준에 그친다.

한국고용정보원의 고용동향브리프 11월호에 실린 '대규모 사업체와 중소 사업체 간 시간당 임금격차 분석'을 보면 지난해 300인 미만 사업체의 시간당 임금은 1만 4,873원이다. 이는 300인 이상 사업체 2만 8,746원의 51.7%에 불과한 규모다. 중소기업의 근로자 임금 총액도 대기업의 절반 수준이다. 300인 미만 기업의 임금 총액은 251만 원으로 300인 이상 사업체(495만 4,000원)의 50.7%에 그쳤다. 월 임금 총액은 정액급여와 초과급여, 성과급이 포함된 것이다.

노사정 대타협 없이 양극화 완화할 방법 없어

한국 경제의 성장잠재력 개선을 위해서는 '노동개혁'이 최우선 과제로 꼽힌다. 한국 노동시장의 고질병인 '경직성'에서 벗어난 '유연성'을 확보해야 한다는 얘기다. IMF도 한국이 경제성장을 하기 위해서는 적극적 구조개혁의 추진 필요성을 강조했다. 정규직에 대한 유연성 확대, 실업자에 대한 강력하고 포용적인 사회안전망 구축, 적극적 노동시장 정책을 축으로 한 유연안정성 도입이 그것이다. IMF 미션단은 최근 한국을 방문해 “노동생산성이 여전히 미국의 50%가량에 머무르는 상황에서는 고용 증대와 생산성 향상이 정책의 우선순위”라고 밝혔다.

상품시장 및 노동시장 경직성을 완화할 수 있는 구조개혁, 여성 노동시장 참가를 확대할 수 있는 정책이 수반돼야 한다. 모든 사회 참여자의 신뢰와 주인의식, 사회적 대화에 있어 비노동조합 근로자, 중기 및 자영업자를 포함한 모든 이해당사자들의 참여가 필요하다. IMF 미션단의 조언이다. 그러나 IMF의 이 같은 제안은 안정성에 이어 유연성을 확보하겠다는 한국 정부의 생각과 다소 차이를 드러낸다. 다만 유연성 확보의 필요성에 대해서는 이견이 없다.

노동시장 유연성 확보를 비롯한 양극화 해소를 위해서는 ‘노사정 대타협’이 선행돼야 한다는 주장이 나온다. 노동시장의 효율성과 노사관계 경쟁력이 낮으면 기업의 고용기피로 좋은 일자리 창출이 어렵고, 노동시장 양극화를 심화시키는 요인으로 작용한다. 노동시장의 구조적 문제에 대한 불확실성 해소 없이는 일자리 문제 해결이 불가능하기 때문에 노사정 간 대타협 외엔 해법이 없다. 보수와 진보를 아울러 노동 전문가들의 한결같은 주장이다.

그러나 2015년 5월1일 노동절 집회와 같은 해 11월14일 민중총궐기 집회 등에서 불법·폭력시위를 주도했다는 혐의로 수배 중이던 전국민주노동조합총연맹(민주노총) 사무총장은 새해를 앞두고 집권여당인 더불어민주당 대표실을 기습 점거해 열흘간이나 농성을 벌이다 구속됐다. 세밑 노동계의 모습이다.

대타협 없는 비정규직의 정규직화?

대타협 없는 비정규직의 정규직화?

한국 경제가 눈에 띄게 활력을 잃으면서 비정규직의 비중은 갈수록 높아지고 있다. 통계청에 따르면 2016년 전체 근로자 중 비정규직의 비중은 32.8%에 달했다. 한국 근로자 10명 중 3명 이상이 비정규직 근로자라는 뜻이다. 비정규직들은 정규직에 훨씬 미치지 못하는 저임금으로 차별을 받고 있다.

그보다 더 심각한 문제는 고용 안정성이다. 언제 직장을 잃게 될지 모른다는 불안감은 비혼과 만혼, 저출산으로도 이어지며 저임금으로 인한 가계대출의 증가, 소비 부진 등 경제 침체의 악순환을 불러오는 핵심 요인이 되기도 한다. 이 때문에 경제와 사회 발전을 위해 비정규직을 줄여야 한다는 공감대가 확산되고 있다. 문제는 정부의 강요와 관 주도로 밀어붙여 될 문제냐 - 하는 데 있다. 정규직을 중심으로 견고하게 형성된 호봉제와 소위 '귀족' 노조가 자리 잡은 한국사회에서 기본적으로 노사정 대타협이 전제돼야 가능한 구조가 아닌가.

> "비정규직의 정규직화도 (정부가 할 일이 아니기는) 마찬가지다. 기업이 잘못하는 부분이 있다 하더라도 정부가 지휘해서는 안 된다. 법과 제도를 통해서 기업이 시정하도록 유도하고 관행을 고쳐 나갈 수 있도록 유연한 분위기를 만들어 주어야 한다"

> "오히려 평균 연봉이 1억 원인 노조원들, 비정규직의 정규직화를 가로막는 노조원들이 자기들 기득권을 지키기 위해 타인의 가능성을 뺏는 것이 옳은 일인지 돌아보는 것이 정부가 해야 할 일이다"

앞서 소개한 '한국의 케인스' 조순 전 경제부총리가 매일경제신문의 무술년 신년기획 - 경제 원로 인터뷰를 통해 밝힌 근심어린 조언이다. 2018년 새해 친노동을 표방한 문재인 정부 집권 2년차를 맞았지만 노동개혁의 길은 요원하기만 하다. 집권한 문 대통령은 노사정의 사회적 대화 재개 필요성을 언급하곤 있지만 노동계와의 간극은 여전하다. 앞서 말한 민주노총의 여당 당사 기습 점거가 실례다.

문재인 대통령의 '공공부문 비정규직 제로 시대'선언으로 비정규직의 정규직 전환은 우리 사회 전반의 최대 이슈로 떠올랐다. 문재인 정부는 이 공약을 실현시키기 위해 기획재정부 공공기관 평가기준을 바꾸고 비정규직의 정규직 전환 TF를 꾸려 진척상황을 관리하는 등 총체적인 역량을 집중하고 있다. 우리 사회 전체 근로자의 30% 이상을 차지할 정도로 비중이 커진 비정규직은 여러 사회·경제적 문제들의 근원으로 지목되고 있다. 비정규직 제도는 언제 어떻게 태어났으며, 왜 논란이 되고 있는가.

1998년 외환위기 이후 비정규직 문제 대두
기존 정규직 양보와 노사정 대타협 필요

비정규직이 사회 문제로 대두하기 시작한 건 외환위기 이후다. 대량해고 사태에 대응하기 위해 1998년 출범한 노사정위원회에서 근로자 파견제와 정리해고제 확대 방안이 타결됐다. 정리해고의 사유를 보다 광범위하게 적용하고, 파견근로제의 법적 기반을 마련해 구조조정 작업에 속도를 내려는 것이었다. 위기 타개를 위한 불가피한 선택이었지만, 이 때를 기점으로 노동시장 양극화가 심각해진 것 역시 사실이다.

비정규직의 대명사격인 직렬은 기간제다. 일반적으로 계약직

이라 불리는데 근로계약을 맺을 때 고용계약 기간을 정해둔 형태다. 흔히 파트타임이라 불리는 단시간 근로도 포함된다. 하청업체에서 파견된 근로자도 비정규직으로 볼 것인지에 대해선 이견이 있다. 해당 근로자는 원청업체가 아닌 하청업체와 고용계약을 맺는다. 하청업체의 정규직일 수도 있고, 아닐 수도 있다. 하지만 원청업체 정규직 근로자와 동일한 일을 하고도 같은 대우를 받지 못한다는 점에서 고용계약 형태와 무관하게 비정규직으로 분류되기도 한다. 무기(無期)계약직은 말 그대로 계약기간이 정해져 있지 않는 계약직 근로자라는 뜻이다. 2년 등 일정 기간만 일하는 조건으로 고용계약을 체결하는 기간제 비정규직과 비교하면 정규직에 더 가깝다. 기획재정부의 공공부문 비정규직 집계에서도 제외된다. 다만 정규직에 비해서는 더 적은 급여를 받는다. 정규직과 비정규직의 중간에 있다는 뜻에서 '중(中)규직'으로 불리기도 한다.

실제로 비정규직의 급여는 정규직의 50~60% 수준에 불과한 것으로 추산된다. 최근 노조에서 배제된 기아차 비정규직들의 경우 기본급·수당·상여금 등을 모두 더한 총급여가 정규직의

60.9%에 불과한 것으로 조사됐다. 복지 부분에서도 차별이 있다. 기아차 비정규직 노동자의 중·고등학교 자녀는 학기당 10만원, 대학생 자녀는 매년 1명에 한해 30만 원을 지급받는다. 하지만, 정규직은 자녀 세 명까지 중·고등학교부터 대학교까지 등록금 전액을 지급 받는다. 이들은 차량 할인혜택, 병원 진료비 지원 등도 정규직보다 낮다고 주장한다.

문 대통령은 '동일 사업장 내에서 동일한 가치노동과 임금의 원칙을 법제화해 비정규직 급여를 정규직의 80%까지 끌어 올리겠다'고 공언했다. 정부가 민간 기업의 임금 불균형과 급여 문제를 인위적으로 끌어올리는 것이 가능한 것일까? 자유시장 경제에서 정부가 할 수 있고 해야 하는 역할은 법과 제도를 통해서 기업이 시정하도록 유도하고 관행을 고쳐 나갈 수 있도록 유연한 분위기를 만들어 주는 것이라고 조 전 부총리도 조언하지 않았던가.

기존 정규직들의 기득권 반발 해소할 상생해법 필요

그 동안 기업들이 비정규직을 고용한 것은 비용 절감 때문이다. 그런데 이들을 모두 정규직으로 전환하면 당장 급여가 높아져 인건비 부담이 늘어난다. 비용이 높아지면 기업의 가격 경쟁력이나 생산성이 저하될 수밖에 없다. 특히 정규직으로 전환

되면 특별한 사정이 없는 한 정년이 보장되기 때문에 기업의 사정이 악화하더라도 인력을 줄이기도 어려워진다. 또 인건비가 높아지면 그 만큼을 소비자나 납세자가 부담해야 할 가능성도 커진다.

공공기관부터 먼저 비정규직의 정규직화가 이뤄지는 만큼 공공요금이 오를 가능성이 있다. 세금의 상당 부분이 이들의 인건비로 투입될 수도 있다. 공공부문 정규직 한 명당 평균 인건비는 6,800만원으로, 1인당 국민소득(3,100만원)의 2배가 넘는다. 이런 상황에서 경영평가가 나빠도 성과급 잔치를 하는 공기업이 수두룩하다. 큰 징계가 아니면 공공부문 직원이 '잘릴' 일도 없다. 한국에서 공공부문이 '신의 직장'으로 불리는 이유다. 이 때문에 공공부문 정규직들이 기득권을 일부 내려놓아야 한다는 얘기가 나온다. 전문가들은 공공부문 뿐 아니라 민간 기업에서도 상생을 위해 정규직 노동조합이 양보를 해야 한다고 주장한다.

비정규직의 정규화 방식은 크게 세 가지 형태가 있을 수 있다. 먼저 기존 정규직과 똑같은 정규직으로의 전환이다. 하지만 이 경우 기존 정규직과 같은 급여와 처우를 해줘야 해 기업의 부담이 커지고 기존 정규직의 반발이 있을 수 있다. 두 번째는 기존 정규직과 다른 새로운 정규직 직군을 만들어 비정규직들을 새 직군의 정규직으로 만드는 방법이다. 이 경우 기존 정규직보다 다소 낮은 급여를 지급해도 돼 기업 입장에서 부담이 덜하다. 세 번째는 기업이 자회사를 설립해 비정규직들을 모두 자회사의 정규직 직원으로 만드는 방법이다. 하지만 이 방법은 비정규직 직원들이 '사실상 간접고용이나 마찬가지'라고 반대하고 있다.

이 같은 움직임에 더해 많은 직역에서 비정규직의 정규직화를 요청하는 목소리가 나오고 있다. 이 중에는 간호조무사가 간호사와 비슷한 업무를 하는데 급여 측면에서 차별을 받고 있어 개선이 필요하다는 목소리도 있다. 일정 기간 근무 경력이 있는 간호조무사에게는 간호사 자격을 줘야 한다는 식의 주장이다. 하지만 간호조무사와 간호사는 비정규직과 정규직의 관계가 아니라 면허 취득 요건부터, 의료법상의 지위까지 서로 다른 별도의 직종이다. 이 때문에 이번 비정규직의 정규직 전환과 연결시키는 건 무리가 따른다. 지난해 크게 문제가 됐던 기간제 교사 문제도 같은 맥락이다. 임용고시의 '좁은문'을 뚫고 정규직 교사가 된 이들의 반발로 인해 교육현장에서 아이들은 선생님과 선생님의 대립을 눈앞에서 지켜봐야만 했다.

정규직 전환 여부를 놓고 관심을 모은 기간제 교사·강사 직종 가운데 대상자가 3만2,734명에 달하는 기간제 교사, 5개 학교 강사 직종(영어회화 전문 강사, 초등 스포츠 강사, 교과교실제 강사, 다문화언어 강사, 산학 겸임교사) 7,309명은 정규직 전환 제외가 확정됐다. 정규직(무기계약직) 전환이 결정된 직종은 유치원 돌봄교실 강사(299명)와 유치원 방과 후 과정 강사(735명) 2개 직종에 그쳤다.

근시안적인 교육 대책, 포퓰리즘적 대선공약이 부른 참사가 아닐 수 없다. 우리 교육의 문제에 대해선 다음 장에서 자세히 살펴본다. 한때 교사를 꿈꾸었던 국어국문과 출신 <창수생각>의 타래를 풀어보고자 한다.

기간제교사는 정규직이 될 수 있었나?

기간제교사 정규직화 무산
임용고시 등 정규직 교사와의 '형평성' 고려한 조치?

교육은 백년지대계(百年之大計)라, 한 나라의 흥망성쇠(興亡盛衰)를 좌우할 중요한 정책이다. 정권에 따라 오락가락, 교육정책이 오년지소계(五年之小計)로 전락한 것이 하루 이틀의 일은 아니지만 문재인 정부의 '기간제 교사 정규직화'공약은 극단적인 사회갈등을 불러일으켰다.

문재인 대통령은 2017년 장미대선에서 '임기 내 교사 1만 5,900명 증원'을 약속했다. 국민세금으로 월급과 연금을 줘야 하는 '공공부문 일자리 81만개' 핵심 공약의 일환이다. 교육부는 2017년 3,000명 증원 계획을 제시했는데, 막상 뚜껑을 열어보니 교사가 부족한 유치원(800명)과 특수교사(600명), 보건·

영양·상담 등 비교과 교사(1,130명)가 대부분이었다. 임용 절벽에 수년째 대기발령만 기다리고 있는 초등교사는 아예 증원 대상이 아니고, 중등교사조차 470명에 불과했다. 교육이 '백년대계? 교사는 백년대기!'라고 쓴 플래카드를 들고 바닥에 앉은 예비교사들의 마음이 애절하게 느껴지는 이유다.

덴마크의 초등학교 교실에는 10명 남짓의 어린이가 공부한다. 2명의 담임교사, 학과별 전담교사가 한 학급 아이들과 다함께 체험학습을 나가 체육활동과 동시에 수학과 과학의 원리를 배우고, 외국어 단어 공부도 하는 식의 전인교육이 이루어진다면 교사 정원도 얼마든지 더 늘어날 수 있을 것이다. 아이들 교육차원에서도 더할 나위 없이 바람직하겠지만 이는 궁극적으로 지향해 나갈 수 있는 이상향이며 또한 사회적 합의가 필요한 롤 모델일 뿐 우리 교육 현실은 아직 교사만 증원한다고 해서 그러한 커리큘럼과 환경이 받쳐주고 있는 상황은 아니다.

'지르고 보는' 근시안적 포퓰리즘이 부른 참사
"勞勞갈등만 키운 졸속 추진 정책"
사회적 합의 이룬 점진적 접근 했어야

정부가 '공공부문 정규직 전환 가이드라인'을 확정하자 기간제 교사의 정규직화 문제가 수면 위로 떠올랐다. 이어 서울 등

초등학교 교사 '임용 절벽' 사태와 맞물려 예비 교사와 정규직 교사들의 반발이 거세졌다. 단편적, 임시방편적으로 그저 보기 좋은 포장지로 곱게 싸놓은 공약이 정작 집행과 실행의 단계에 와선 이처럼 수년간 준비해온 임용고시 준비생들에게 '임용절벽'을 심화시키는 결과로 작용했다는 것이다.

결국 17개 시도 교육청은 교육부에 8개 직종에 대한 공통 기준 마련을 요청했다. 심의위 논의 결과 기간제 교사와 영어회화 강사, 초등 스포츠 강사에 대해선 '상시·지속적 업무'라는 정규직화 조건은 충족하지만 교육공무원법 등 관련 법령과 가이드라인이 충돌하면서 "당장 정규직 전환이 어렵다"는 방향으로 의견이 모아졌다. 류장수 심의위 위원장(부경대 교수)은 "현행 법령 안에서 상식적인 결론을 만들어야 하지만 고용 지속성 보장이나 처우 개선 등 '제3의 안'을 고민하고 있다"며 "각각 이해를 조정해 만장일치로 기준을 도출할 예정"이라고 말했다.

기간제 교사 편법 채용을 막고 그 대신 정규직 교사 임용 규모를 늘리는 방식으로 점진적인 정규직화를 추진할 것으로 보인다. 이 같은 결과는 이미 '비정규직 제로 공약'이 나왔을 때부터 언론과 전문가들로부터 지적돼온 '뻔한 결과'다. 예상됐던 부작용과 반발이 아닌가?

문재인 정부가 2017년 7월 공공부문 비정규직 정규직화 가이드라인을 발표한 후, 기간제 교사와 예비교사 - 정규직 교사는 한 달 내내 찬반집회를 벌이며 뜨겁게 대립했다. 문제는 교육부문 비정규직 정규직화를 추진하는 과정에서 한정된 교사 자리를 둘러싸고 교직사회 내 갈등이 증폭됐다는 점이다. 현장에서 묵묵히 정교사와 다름없는 업무를 감당하면서도 차별을 받으며 불안정한 처우로 힘들게 일하고 계신 일선의 기간제 교사들에게 이 정부만 들어서면 무조건 다 '정규직화'가 될 것 같은 기대를 갖게 하곤, 좌절시킨 이 대책 없는 포퓰리즘의 사회적 비용은 누가 다 감당할까.

교육 현장 일선에서 당장 학생들과 마주하는 선생님들 간 갈등을 부추긴 '기간제 교사 정규직 전환' 이슈는 정권 초기부터 큰 사회갈등을 낳았고 결국 기간제 교사들의 마음에 더 큰 상처를 남긴 채 1라운드를 끝냈다.

백년지대계(百年之大計) 교육정책의 전략

국정수행도 긍정평가 70% 행진에도 교육 분야만은 35%

여론조사의 신뢰도는 차치하더라도 문재인 정부의 국정 수행도에 대한 긍정평가는 꾸준히 70%대를 유지하고 있다. 그러나 지지도중 세부사항으로 가면 유독 한 곳, 소위 '구멍'나는 곳이 있으니 교육 분야다. 11월 한국갤럽에서 실시한 여론조사에서 교육부문은 긍정적 평가가 35프로에 불과해 정치, 경제, 외교, 안보 등 모든 분야에서 가장 낮은 지지를 받았다. 보수와 진보를 막론하고 '자식'문제에 초연할 수 있는 부모는 아무도 없다는 것, 단순한 상식 때문일 것이다.

문재인 정부 출범 이후 체감할 수 있는 교육정책의 가장 큰 변화는 중1학생을 대상으로 한 자유학기제 전면실시를 들 수 있다. 그 뒤를 이어 도입될 제도로는 현재 중학교 2학년 학생부터

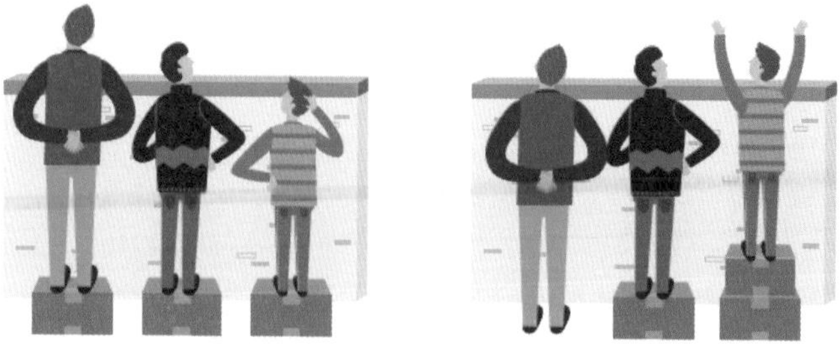

대상이 되는 대입수학능력시험 절대평가제 실시, 올해부터 전격 실시되는 일반고와 자사고, 특목고 동시 지원, 2022년부터 도입되는 고교학점제 등이 있겠다.

정부가 현재 중3 학생들이 치르게 될 2021학년도 대학수학능력시험(수능) 개편을 결국 1년 유예하기로 했지만 논란을 회피하기 위한 유예에 불과하다. 현행 수능 체계를 따르게 된 중3 학생들은 한 시름 덜었지만, 대신 그 충격은 2022학년도 수능에서 개편 첫 세대가 된 중2 교실로 고스란히 넘어갔다. 수능 개편 유예에 따라 중3 학생들은 영어, 한국사만 절대평가로 진행되는 2018학년도 수능과 동일한 체계로 시험을 치른다. 대신 새 교육과정 도입으로 신설되는 공통사회·공통과학 과목은 학교에서 배우긴 하지만 수능에서 시험을 치르진 않는다. 학교 현장을 왜곡한다는 논란이 잇따랐던 EBS 연계 출제는 2021학년도 수능부터 점차 축소된다. 비단 이 정부만의 문제라고 보긴 어렵지만, 정책 발표까지의 공론화 과정이나 정책여론 수렴의 프로세스를 보면 이 정부의 문제가 아니라고 주장하기는 쉽지 않아 보인다.

재정분권 + 국토균형발전 = 지방경쟁력 = 미래경쟁력
지방대학은 구조개혁의 도마 위에 우선 '철퇴'… 상생해법 찾아야

한편 2021학년도부터 학령인구 감소로 인한 대학들의 구조개혁이 시급함에도 불구하고 이에 대한 진척은 느리기만 하다. 개혁안도 당초보다 많이 후퇴해 지방대의 동반부실을 우려하는 목소리도 높아지고 있다. 교육부에 따르면 당장 내년부터 대입정원(55만 9,036명)과 고교졸업자(54만 9,890명)수의 역전현상이 발생하고, 2020년 이후 초과 정원이 급격히 늘어나면서 정원 미달 사태는 가속화될 수밖에 없다는 전망이다.

2013년 63만 명이던 고교졸업자 수는 10년 뒤인 2023년에 40만 명 선 아래까지 떨어진다. 입학정원 감축에 본격적인 대학구조조정이 시작되자 지방자치와 국토균형발전을 미래 화두로 던지면서도, 교육부에서 우선 구조조정 대상이 되는 것은 단연 지방대학들이다. 상황이 이렇다보니 국내 대학들은 외국인 유학생 유치에 사활을 걸고 있다. 외국인 학생들은 정원 외로 관리된다. 많으면 많을수록 경영 측면에서 이득이 되는 구조다. 지난해 교육부가 발표한 '외국인 유학생 통계'를 살펴보면 그해 4월을 기준 국내 대학교에 재학 중인 유학생은 총 10만여 명. 중국인 학생이 무려 65%를 차지하고 있지만 최근 사드 배치에 따른 경제적 보복 조치 못지않게 정부 차원의 압박 수위가 높아지면서 중국인 유학생도 유의미한 숫자로 줄어들고 있다고 한다.

당장 먹고 사는 문제와 사정정국, 정치와 사회 이슈에 가려 잘 다뤄지진 않지만, 그야말로 백년지대계를 이끌 교육정책의 변화가 급속도로 이뤄지고 있는 요즈음이다. 그러나 다른 정국 이슈에 묻혀 언론에도 크게 보도되지 않으니 또래 자녀가 없는 사람들은 뭐가 어떻다는 것인지 모르는 경우도 부지기수다.

정치, 경제, 사회 이슈 속에 묻히는 교육정책
국민 공감과 사회적 합의가 핵심

자유학기제나, 고교학점제 시행 등은 큰 틀에서 볼 때 창의적 인재를 육성하고 미래를 준비하는 선진형 교육시스템으로 나쁘다고 비판만 하기엔 복합적인 사항이다. 궁극적으로 취지에 찬성하며 제도의 단계적 도입에 찬성할 수도 있다. 그러나 문제는 미래, 아니 현재 청소년들의 미래를 뒤흔들 백년지대계에 대해 사회적인 변화는 없이 교육제도만 단기간에 공론화 과정

없이 땅땅땅 두드리곤, 시작! 해버리고 있다는 점은 또 다른 문제와 부작용이 양산될 것이 자명하다. 많은 학생과 학부모, 일선 학교 교사들의 반발을 사고 있다. 제도적 장치나 인프라 조성이 되지 않은 상황에서 이상만 앞세워 혼란만 부추길 수 있다는 것이다.

중학교 1학년 동안 시험 없이 자유학기제만 할 경우 상류층 부모들은 영어·수학·과학 등 과목별 개인지도나 학원을 보내는 반면 저소득층이나 맞벌이 부부는 경제적 여건 등으로 사실상 방치하는 경우가 많아 학력격차가 커질 수밖에 없다. 대입수능 절대평가제 도입은 더욱 심하다. 각 과목별로 90~100점(A등급), 80~89점(B등급)등 절대평가가 실시될 경우, 해마다 연말이면 각종 비리가 드러나 문제가 되고 있는 내신이나 학생부종합전형(학종)의 영향력이 더욱 커질 가능성이 높아 우려의 목소리가 나오고 있다. 오죽하면 가장 공정한건 역시 '4지 선다, 시험 성적순 선발'이라는 탄식이 사회 곳곳에서 터져 나올까.

학생부종합전형의 경우 우리뿐 아니라 선진국들도 학부모들의 입김이나 도움이 상당한 영향을 끼쳐 학생 혼자서 준비한 경우와 차이가 클 수밖에 없다. 또 내신비중 확대는 또 다른 사교육시장이 활성화될 것이 뻔히 보이는 것 아닐까. 최소한 현재의 명문대학 - 좋은 직장 - 중상류층 편입의 로드맵이 고착된 사회현실 속에선 그러할 것이다. 결국 빈부격차에 따른 자녀들의 성적차이가 커질 가능성이 높아 보인다. 이미 초등학교, 유치원 시절부터 빈부격차에 따른 예체능, 조기 교육 열풍은 우리 사회 뿌리 깊게 자리 잡은 지 오래다.

일선 교사로 학생들을 접하지는 않았지만, 국어교육과를 나와 교생실습을 하던 청년시절부터 많은 선생님들과 이야기를 나눌 일이 종종 있다. 천안에서 오랫동안 한 초등학교에서 운영위원장직을 맡아 일선 학교 현장의 크고 작은 학교의 많은 일들을 보아오기도 했다. 우리 아이들이 배우고 먹고 자라나는 학교에서 일어나는 수백 가지 일들 중, 무엇 하나 중요하지 않은 일이 있던가.

교육계에서는 학생부종합전형 부작용 개선 등 대안도 없이 강행한 의견수렴이 무의미하다는 것을 모를 리 없었던 교육부가 핵심 교육정책을 두고 오락가락하는 모습을 보인 것에 대해 비판이 봇물처럼 쏟아지고 있다. 그래서 예로부터 교육은 백년지대계라 하지 않았던가. 정치, 사회, 경제적 현실과 맞물려 돌아가야 함은 물론 무엇보다도 국민적 공감대와 사회적 합의를 이뤄 점진적으로 차근차근 풀어가야 할 일이다.

현재와 같은 5년, 10년 지계 입시 전형으로는 새로운 사교육시장만을 양산할 뿐이다. 5년 후엔 또 바뀔 입시니까 말이다. 지금까지 그러했듯.

어느 초등학생의 자살

"어른들은 어린이들을 무시하고,
자신 이외에는 생각하지 않는 입으로만 선한 악마입니다"

지난 연말 어른들의 마음을 서늘하게 만들었던 한 초등학생의 유서의 한 구절이다. 이 어린이는 서울 성동구 아파트 8층에서 투신했는데, 다행히 목숨을 잃지는 않았다. 학교폭력에 시달리던 이 어린 가슴에 얼마나 깊은 상처와 한이 맺혔을지 생각해보면 숙연해진다. 유서에도 나와 있듯, 이 아이는 학교폭력의 피해자이고 이로 인해 괴로움을 당했지만 죽음을 결심하게 만든 직접적인 원인은 '선한 어른'들의 문제였던 것으로 보인다. 학교 폭력을 보호하고 대처하기 위해 어른들이 만든 학교폭력대책자치위원회(학폭위)의 어른들은 아이가 당한 괴로움과 폭력을 '단순 접촉'같은 말로 포장해 사건을 은폐하려 했고, 아이가 당한 피해는 그대로 부정됐다.

아파트에서 투신한 초등학생은 이 뿐만이 아니다. 언론을 통해 알려진 사례만 몇 가지 봐도, 가령 지난해 12월 서울 서초구 한 아파트 3층에서 초등학생 한 명이 투신했다. 이 학생은 평소 부모의 이혼으로 힘들어했고 '가족들에게 미안하다'는 내용의 유서를 남기고 생을 마감했다. 2014년 11월에는 서울 강북구에서 초등학생이 목을 매 숨졌다. 학생은 학원 수업을 마치고 편의점에서 친구와 간식까지 사먹고 인근 주택가 골목으로 사라진 뒤 시신으로 발견됐다. 인천 연수구에서는 부모에게 혼이 난 초등학생이 빌딩 옥상에서 몸을 던지기도 했다. 당시 13살이던 학생은 부모가 공부를 하지 않고 PC방을 다닌다고 꾸중을 하자 이를 견디지 못하고 투신한 것으로 알려졌다.

자살 연령대는 점점 낮아지고 있는데다 사유 또한 왕따와 학교 폭력, 성적 문제까지 다양하다. 이와 관련 정부가 인터넷상 자살 유해정보에 대한 집중 단속을 하는 과정에서 한 초등학생이 '자살 카페'까지 운영한 것으로 확인돼 충격은 더했다.

지난해 70명이 넘는 학생들이 자살이라는 극단적인 선택을 했다. 목숨을 잃지는 않았지만 실제 자살을 시도한 초등학생의 숫자는 더욱 많을 것으로 추정돼 사후약방문이 아닌 사전 예방책을 위한 논의가 시급한 상황이다. 학생들의 정서적 변화가 점차 낮아짐에 따라 자살 문제가 부각되는 시기가 빨라지고 있기 때문이다. 특히 초등학생 시기 아동들은 다른 청소년 연령대와 비교해도 충동적인 것이 특징이다. 특히 최근에는 아동들이 자기 욕구를 손쉽게 해소하는 것을 당연시 여기는 환경에서 자라오면서 스트레스 상황에 마주했을 때 충동적인 행동을 보이는 성향이 강해졌다는 분석도 나온다.

아동·청소년심리 전문가들은 청소년 자살에 관한 대책으로 선별검사를 통한 고위험군 추적 관리, 연계 상담 등이 진행되고는 있다. 하지만 지원 대상이 현재 정서적 어려움을 겪고 있거나 과거 자살 시도를 했던 일부에게만 한정돼 있어 범위를 대폭 넓혀야 한다고 강조하고 있다.

한국은 OECD(경제협력기구)에서 청소년의 주관적 행복지수도 2009년 조사를 시작한 이래 6년째 회원국 중 최하위를 기록하고 있다. 세계 자살 순위에서도 우리는 1위를 놓치지 않고 있는데, 청소년 자살률은 더욱 심각하다. 세계적으로 압도적으로 1위를 차지하고 있다. OECD 전체 회원국 조사 결과 청소년(10 - 19세) 인구 10만당 자살자수는 2001년 3.19명이었는데 2011년 5.58명으로 무려 57.2%나 증가했다. 10대 자살률은 상승했다. 도대체 이유가 무엇일까?

꽃다운 나이도 아직 오지 않은 봉오리 상태의 어린 청소년들을 죽음으로 몰아넣는 것은 무엇일까. 다양한 원인만큼 다양한 개인의 개별 문제로 치부해도 괜찮은 것일까? 10대 사망원인을 들여다보면 심각성은 확연해진다. 전체 중 대략 1/3에 해당하는 10대 사망원인이 자살로 집계되는 것이 현실이니까. 2016년도 통계청 13 - 19살 청소년 자살 충동은 학교 성적 40.7%, 가정불화 22.1%, 선후배나 또래의 갈등 8.3%, 경제적 어려움 1.7% 기타 27.3%이다. 학교 성적이 거의 반을 차지하고 나머지도 학교 성적과 관련이 있다.

전문가들은 학생들이 극심한 학업스트레스를 받게 되면 자신감과 자존감이 결여돼 충동적으로 자살을 선택할 수 있다고 말한다. 명문대 진학과 좋은 직장, 특히 돈을 많이 버는 직업을 가져야만 '제대로 된', '부모님이 자랑스러워하는' 사람이 될 수 있다는 어긋난 믿음이 불러온 촌극이 '장래희망 건물주'라는 웃지 못할 농담 아닐까.

학업이 자신의 부와 연관된다는 것이 지금까지의 교육구조의 모습이다. 교육제도만을 고쳐서 교육을 바르게 할 수 없다. 인성교육을 강조해도 양극화와 저성장 기조를 바꿔놓지 않으면 교육제도를 바꾼다고 한들 또 다른 사교육시장이 생겨날 뿐이다. 경험으로 알고 있지 않은가.

청소년 잔혹범죄가 개인의 문제?

TV와 영화, 유튜브를 비롯한 온라인 영상매체를 통해 한층 잔혹하고 선정적인 폭력에 노출돼서일까? 해마다 더해간다는 이야기가 빠지지 않는 학교폭력과 청소년 범죄 이슈지만, 2017년은 유독 세상을 경악케 한 사건들이 많았다.

2017년 3월 인천 초등학생 살인사건은 아직 10대에 불과한 청소년 두 명이 범행 용의자로 지목돼 주범과 종범 다툼으로까지 비화됐다. 범행 수법은 물론, 재판 과정에서 보인 이들 청소년의 대담함과 교활함이 온 국민의 마음을 서늘하게 했고, 이는 '소년법 폐지' 움직임으로 확산됐다. 이후 '부산 여중생 폭행 사건'이 인터넷을 뜨겁게 달구면서 청와대 홈페이지 국민청원 게시판에는 '소년법 폐지'를 청원하는 글이 잇달아 올라왔고, 이에 공감하는 사람들이 수십 만 명을 넘어섰다.

1953년 형법 제정 이후 단 한 차례도 바뀐 적 없는 형사미성년자 기준을 만 13세로 낮추기로 한 것은 이같은 여론의 영향이 크다. '국민법감정'의 임계치를 넘어섰다고 할까. 청소년의 충격적인 강력범죄를 막기 위해 더 강력한 처벌이 필요하다 논리다.

청소년 강력 범죄 처벌 강화… "소년법 개정" 추진

청와대는 이 청원에 대해 1호 답변으로 강력한 처벌만이 해법은 아니라고 밝혔지만, 결국 정부는 형사미성년자 기준 나이를 만 14세에서 만 13세로 낮추되 특정 강력범죄를 저질렀을 때 소년부 송치를 제한, 보호처분이 아닌 형사처분을 받도록 관련 법 개정을 추진한다. 이밖에도 여성청소년 사건 수사인력과 청소년 보호관찰 전담인력도 확충하기 했다. 또 청소년비행예방센터를 5개 더 만들고 '의료소년원'도 신설키로 했다.

소년법 폐지나 개정을 주장하는 사람들은 아이들의 범죄 내용보다 처벌의 수위가 너무 낮다며 소년법을 아예 폐지하거나 형벌 부과 연령을 내려야 한다고 주장한다. 나이는 어려도 '요즘 애들'은 너무 영민해서 어른보다 더 잔혹한 범죄를 저지르는 '사이코패스'들이 많아, 어린 나이를 이용해 범죄를 저지르기도 한다는 다소 과격한 주장을 펴는 이들도 늘어나고 있다.

그러나 민주주의와 법치주의 측면에서 간과해서는 안 될 점이 있다. 민주주의는 다수결 원칙에 의해 작동되므로 대다수의 국민이 동의하게 된다면 소년법의 폐지나 개정이 가능하다. 하지만 법의 폐지나 개정이 그에 찬성한 다수를 넘어 전체 국민의 동의나 승인을 얻기 위해서는 입법 과정에 전체 국민의 의견을 반영할 길을 반드시 열어 놓아야 한다.

특히 법의 폐지·개정으로 인해 직접적 불이익을 입을 이해 당사자에게는 더욱 많은 의견 제시의 기회를 보장해 줘야 한다. 법의 폐지·개정 과정에서 국민 의견을 수렴하는 것은 국민의 동의나 승인에 따른 법에 의한 지배를 이념으로 하는 법치주의의 대원칙이기 때문이다. 당사자인 미성년자, 만 13세 이하 어린이들이 소년법 폐지에 대해 찬성하는지 반대하는지, 그 이유는 무엇인지 어떠한 공론의 장을 통해 확인할 수 있을까? 확인을 할 수는 있는 것이며, 그들의 발언을 제대로 된 '의사'로 우리 어른들이 받아들이기는 할까?

소년법 개정의 이해당사자는 미성년자

결국 소년법의 폐지의 핵심 이해 당사자는 미성년자다. 만14세, 만 13세 이하 청소년 - 실상 그 정도 나이라면 이 '어린이'들에게 성인과 같은 수준의 중한 처벌을 내리고자 한다면, 그들에게도 충분한 의견 진술권을 주는 것이 마땅하지 않을까. 민주주의 사회에서 가장 큰 의사 표시는 '선거'다. 만 14, 13세 이하 미성년자는 고사하고, 우리는 지금 만 19세 선거연령 하향에 대한 국민적 대타협, 사회적 공감대도 이루지 못한 상태다.

소년법 폐지·개정을 통해 형벌에 있어서 성인과 동등한 취급을 하고자 한다면 우선 민주주의에서 핵심 권리인 참정권부터 성인과 동등하게 주어야 한다. 그런데 현행 공직선거법은 미성년자에 대해 선거권을 비롯한 참정권을 제약하기 때문에 미성년자는 법적으로 선거권을 행사하여 소년법의 폐지나 의사 형성에 참여할 수가 없다. 이러한 상황에서 소년법의 폐지·개정을 강행하는 것은 민주주의나 법치주의에 위반될 소지가 크다. 법적 책임은 자유와 권리를 전제로 하며 무거운 책임을 부과하려면 그에 상응한 자유와 권리가 부여돼야 한다. 그러한 자유와 권리에는 선거권을 비롯해 형벌을 부과할 근거가 되는 법률의 제정이나 폐지·개정에 참여할 정치적 권리도 당연히 포함된다.

'유엔 아동 권리협약(Convention on the Rights of the Child)'이 형사책임무능력 연령을 상향하라고 권고했고, '유럽 아동 옴부즈퍼슨 네트워크(European Network of Ombudspersons for Children)'가 형사책임무능력 연령을 18세까지 올려야 한다고 선언한 것도 미성년자에게 정치적 권리를 주지 않은 채 과도한 책임을 부과해서는 안 된다는 이념을 표방한 것이다. 이런 상황에서 공직선거법 규정은 그대로 둔 채 미성년자를 성인과 동등하게 취급하여 일정한 범죄에 대해 사형이나 무기징역형까지 선고할 수 있는 법체계를 만드는 것은 위헌 소지가 매우 높다. 잔혹범죄에 대한 양형 기준을 완화하자는 주장이 아니다.

비단 청소년 범죄 뿐 아니라 사회 전반의 범죄율이 높아지고 범죄의 잔혹성과 심각성이 더해가고 있다? 그렇다면 이는 '개인'의 성향과 나이, 처벌의 문제에 앞서 사회 구조 전반에서 범죄를 부추기고 있거나, 잔혹 범죄가 양산되고 있는 시스템이 아닌지 검열해보는 사전 작업이 필요하지 않겠느냐는 제언이다.

메갈리아와 한남충의 '혐오사회'

지난해 서초동의 노래방 화장실에서 불특정한 여성을 살해한 '강남역 살인사건'은 우리사회 '묻지마식 여성혐오'의 심각성을 수면위로 끌어올렸다. 이 사건은 사회 일각에서 페미니즘 관련 담론으로만 다뤄졌던 남녀의 대립 양상, 남성 혐오(남혐)과 여성 혐오(여혐)을 포함한 '혐오' 담론은 순식간에 우리 사회 갈등 영역으로 떠올랐다. 체포된 용의자가 "평소 여자들에게 무시를 많이 당해 왔는데 더 이상 참을 수 없어 범행을 저질렀다"고 진술했기 때문이다.

메갈리아(Megalia)가 널리 알려지게 된 것도 이 즈음이다. 메갈리아는 온라인 커뮤니티 사이트로 여성혐오를 그대로 남성에게도 반사하여 적용하는'미러링'을 사회 운동 전략으로 삼아 주목을 받았다. 이에 대해 혐오에 혐오로 맞선다는 비판도 있다. '메갈리아'라는 이름은 온라인 커뮤니티 사이트 디시인사이드 안의 '메르스 갤러리'의 이용자들을 노르웨이의 여성주의 소설인 <이갈리아의 딸들>에 빗대 표현한 것에서 비롯됐다고 한다. 메르스 + 이갈리아가 합쳐진 신조어인 셈이다. 메르스 사태와 함께 성별 간 온라인 전쟁의 서막을 알린 '메갈리아' 사태 이후 혐오는 표현의 한계와 자유, 법적 규제와 예외 사이에서 끊임없는 논쟁을 거듭해왔다.

메르스(MERS, 중동호흡기증후군) 사태가 심각했던 2015년 수천 명의 격리대상자가 발생했고, 그중 37명이 사망했다. 이 시점 온라인 커뮤니티 사이트 디시인사이드(www.dcinside.com)에 메르스 갤러리가 개설됐다. 이 즈음 디시인사이드 내 여초 갤러리인 '남자 연예인 갤러리(남연갤)'에 한 남성이 연애 상담 글을 올렸다. 내용은 '월수입 350만원의 과장인데, 20살의 신입 여직원을 좋아한다. 이제 고백하려 하는데 어떻게 생각하느냐. 여기 여자분들이 많은 것 같아서 글을 올린다'는 것이었다.

이 상담 글에 대한 '여자분들'의 반응은 어땠을까? '고백하지 말고 그냥 자살하라'는 류의 댓글이 올라왔고 이에 발끈한 원글자 남성은 '배용준도 13살 어린 박수진과 결혼한다. 고백을 위해 20만 원짜리 아이크림도 준비했다'며 항변했고 남연갤의 여성들은 팬덤으로 '강된장남'이라는 별칭을 얻어주며 그를 맹비난했다. '메르스 갤러리'가 '털린'것도 이때였다. 뜨거운 언어들이 메르스를 뒤덮었다. 열네 살이나 많은 남성 상사의 고백에 어쩔 줄 몰라 하며 곤란을 겪을 '20세 여성'에 대한 감정이입은 디시인사이드의 입담 좋은 여성 유저들과 기존 남성 우월주의적 언어를 쏟아내던 남성 유저들 간 '대결의 장'이 되었다. 두달 후 2015년 8월에는 메갈리안(www.megalian.com)이라는 독립된 사이트가 생겨났지만, 메갈리아나 메갈이라는 단어는 특정 사이트의 이용자를 지칭하는 말로 쓰이지는 않는다. 젠더 이슈와 관련된 페미니즘적 시각, 혹은 페미니스트 그 자체를 칭하는 단어로 폭넓게 쓰이고 있는 것 같다.

여성학자인 조주은 국회입법조사관은 "온전한 성 평등 사회로 가기 위한 과도기적 상황으로 보인다"며 메갈리아의 탄생을 '젠더 전쟁'의 한 양상으로 해석했다.

한남충(韓男蟲), 메갈리아발 신조어 중 가장 널리 알려진 단어다. 한국 남성 전체를 싸잡아서 비하하는 속어로 늘여서 말하면 '한국 남자 벌레', 줄여서 한남충이라 한다. 한국 대표 페미니즘 사이트 워마드에서 한국 남자는 한남충, 한국 남자 어린이는 한남유충이라고 부르며 사람이 아닌 벌레로 취급한다. 더 줄여서 그냥 '한남'이라고 하기도 한다. 여성혐오를 '미러링'한 '남혐'의 반영이다.

'한남'은 부정적, 비하적인 용례로만 쓰이는 표현이므로 중립적일 수가 없다. 신조어 '한남'의 발원지는 메갈리아를 비롯한 페미니즘, 남성혐오 성향 커뮤니티이며, 이들은 한국 남성을 비난하고 혐오하는 의미에서 (역시) 한국남자, 한남충, 더 줄여 한남이란 단어를 사용한다.

혐오란 무엇이며, 왜 문제이고, 어떻게 해결해야 할 것인가. 법철학자인 홍성수 숙명여대 교수는 이에 대한 구체적인 해법을 보여주고 있다. 엄연히 존재하는 혐오와 차별의 현실을 꼬집으며 적대적이고 폭력적인 혐오를 변화시킬 가능성을 모색한다. 문제는 혐오 자체가 아니라 혐오표현이며, 이를 넘어설 때 비로소 공존 사회로 갈 수 있기 때문이다.

인터넷과 미디어에서 분별없이 쓰이는 '맘충', '노키즈존' 등의 용어는 현재 한국에서 벌어지고 있는 혐오표현의 가장 대표적 사례다. 많은 사람이 맘충에서 떠오르는 이미지로 비상식, 민폐, 무개념 등을 떠올렸다고 한다. 아이 엄마의 이미지가, 예의 없고 남에게 피해를 주는 기피 대상으로 고착화된 것이다. 한술 더 떠 노키즈존은 아이와 엄마에 대한 혐오를 실행에 옮긴 것이므로 그 자체로 차별이라고 할 수 있다. 매우 우려스러운 일이 아닐 수 없다. 이를 해결하는 방법은 아이와 엄마가 차별 없이 존중받는 사회를 만드는 것이다.

마찬가지로 남혐과 여혐, 메갈리아와 한남충으로 표현되는 남녀 간 젠더 갈등의 문제도 남성과 여성이 차별 없이 존중받는 사회로 갈 때 해결될 수 있지 않을까.

저출산·고령화의 그늘

우리나라 전체 인구 5,100만여 명, 그 중 노인 인구는 725만 명을 넘어섰다. 반면 2016년 합계 출산율은 1.17명이다. 여전히 경제협력개발기구(OECD) 국가 중 최저 수준으로 합계출산율이 1.3명 이하인 초저출산을 벗어나지 못하고 있다. 이로써 2000년 고령화사회로 진입한 지 17년 만에 고령사회로 진입한 우리나라는 이제 초고령사회행 급행열차에 올라탄 셈이 됐다.

행정안전부가 발표한 8월 말 주민등록 인구에 따르면 65세 이상 노인 인구는 725만 7,288명이다. 우리나라 전체 인구(5,175만 3,820명)의 14.02%를 차지했다. '고령사회 원년'도 기존 통계청 예상보다 1년 빨라졌다. UN은 만 65세 이상 노인 인구가 전체 인구의 7%를 넘으면 고령화사회, 14%를 넘으면 고령사회로 정의한다. 20% 이상이면 초고령사회로 분류한다.

저출산·고령화의 영향으로 오는 2026년까지 향후 10년간 만 15~64세의 생산가능인구가 218만 명까지 줄어들 것으로 전망되고 있다. 고용노동부는 '2016~2026 중장기 인력수급 전망 및 시사점' 보고서를 발표했다. 만15세 이상 생산가능인구는 207만 명, 일할 의사와 능력이 있는 경제활동인구는 201만 명, 취업자는 190만 명이 각각 증가할 것으로 예상됐다.

만15세 이상은 207만 명 증가하지만, 한창 일할 나이인 만 15~64세는 저출산·고령화의 영향으로 218만 명 감소할 것으로 전망됐다. 60세 이상 인구는 533만 명이나 늘면서 전체 인구 증가를 주도하고, 전문대졸 이상 고학력 인구는 332만 명 증가할 것으로 예측했고, 경제활동인구는 은퇴시기 연장, 여성의 노동시장 참여 증가 등으로 201만 명 늘지만 만15~64세는 증가폭이 30만 명에 그칠 것으로 분석됐다.

2001년 이후 초저출산국 탈피하지 못한 대한민국
결혼과 출산은 선택의 문제, 연애조차 '사치'라는 청춘들

1955년부터 1963년까지 대한민국(남한)의 여성 1인당 합계출산율은 6.1명이었다. 이승만 및 윤보선 정부에서는 출산을 장려했지만 5·16 군사 정변 이후 박정희 정권 하에 의해 1960년대 초반부터 지속적인 가족계획이 실시되면서 1964년부터

1967년까지는 5.2명, 1968년부터 1971년까지는 4.7명이었으나 1970년대 초반부터 가족계획을 매우 강화시켜서 1984년에는 2명 미만인 1.74명 수준으로 떨어졌다.

다음해인 1985년 1.66명 수준으로 약간 떨어졌고 그 이후에도 계속된 정책으로 마침내 1987년 출산율이 1.53명 수준까지 떨어졌다. 이후 1996년 8월 김영삼 정부가 출산정책을 산아제한정책에서 산아자율정책으로 전환했으나 출산율은 빠른 속도로 내려간다. 특히 IMF 사태의 여파로 출산율은 계속 떨어졌는데 김대중 정부에서 2000년에 즈문둥이(밀레니엄 베이비, 2000년에 태어난 아이를 지칭한다) 출산을 장려해 일시적으로 출생아 수가 증가했지만 2001년에는 다시 1.3명의 초저출산사회로 돌아갔다.

정부는 기존의 산아자율정책에서 한 발 더 나아가 출산장려정책을 펴기 시작했지만 2005년에는 역대 최저치인 1.08명으로 떨어졌다. 이후 황금돼지해 홍보캠페인 등에 힘입어 2007년 1.26명으로 급증세를 보였지만, 글로벌 금융위기 등의 여파로 2009년에

는 1.15명으로 감소했다. 2010년부터는 다시 증가하기 시작하여 2012년 1.3명으로 초저출산 국가에서 탈출하려는 기미를 보였으나 그 후 이어진 불경기 등의 여파로 출산율은 감소하여 2013년 1.18명, 2014년 1.21명, 2015년 1.24명, 2016년에는 1.17명으로 줄었다.

<시기별 출산정책을 드러내는 정부의 산아정책 슬로건>

1950년대	3남 2녀로 5명은 낳아야죠.
1960년대	3·3·35운동 - 3자녀를 3년 터울로 35세 이전에 단산하자.
1970년대	딸 아들 구별 말고 둘만 낳아 잘 기르자.
1980년대	잘 기른 딸 하나 열 아들 안 부럽다.
1990년대	아들 바람 부모 세대 짝꿍 없는 우리 세대
2000년대	아빠, 혼자는 싫어요. 엄마, 저도 동생을 갖고 싶어요.
2010년대	하나는 외롭습니다. 자녀에게 가장 좋은 선물은 동생입니다.

장기 저성장과 청년 실업, 고령사회의 '세대갈등' 심화되나

연도와 시점별 조금씩의 차이는 있지만 2001년 이후 1.3명 이하의 초저출산국을 벗어나지 못하고 있는 셈이다. 나 하나 먹고 살기도 빠듯한데, 결혼과 출산은 사치라는 젊은이들이 늘어나고 있다. 최근에는 결혼과 출산은 물론 연애조차도 시간과 비용, 에너지의 낭비라는 청춘들의 생각이 지표로 나타나고 있으니 안타깝기도 하고, 그토록 각박한 세상을 물려주게 된 기성세대로서 자책감도 드는 그런 시절이다. 이러한 청년 세대들은 또한 기성세대, 노인 세대에 대한 '박탈감'과 '적대감'도 적지 않아 각종 온라인 커뮤니티를 통해 쏟아지는 적의 또한 강도가 심해지고 있어 우려되는 상황이다.

이 같은 추세와 맞물린 고령화 사회의 또 다른 그늘은 바로 '세대갈등'문제다. 청년 실업률의 고공행진으로 사회 첫 진입 연령이 높아지고 있는 가운데 일자리와 임금, 주택과 복지 혜택에 이르기까지 '먹고사는 문제'를 두고 세대 간 갈등 양상이 심화되고 있다. 최근 노인연령 상향에 대한 논의가 시작된 것은, 노인 지하철 무임승차 논란 때문이다. 1982년 대한노인회의 건의로 정부에서는 노인복지법을 제정, 65세 이상 노인의 지하철과 버스 무임승차가 시작됐다. 이 때 노인인구의 비율은 전체의 4% 수준이었다. 그러나 2000년 고령화사회 진입, 2017년 고령사회로 진입한 한국에서 직업전선에서 활발한 사회활동을 하며 건강한 노인들이 많아지고, 수명까지 연장되며 '무임승차'의 사회적 비용이 기하급수적으로 늘어나기 시작한데 따른 논란이다.

1996년 1월 노인교통수당이 도입되면서 버스무임승차는 폐지됐고, 2009년 기초노령연금이 확대되면서 노인교통수당이 폐지됐지만 지하철 무임승차제는 유지되고 있다. 정부는 최근 노인연령을 65세에서 70세로 올리자는 사회적 건의에 대해 '검토'해보겠다는 입장을 내놓았다가, 찬반으로 갈려 사회문제로까지 비화되는 뜨거운 여론의 반응에 '검토', '유보', '신중한 논의' 등의 두루뭉술한 입장으로 선회했다.

1996년 매사추세츠공대(MIT)에서 경제학을 가르치고 있는 레스터 서로 교수는 "가까운 미래에 계급 전쟁은 빈자와 부자의 대결이 아니라 젊은이와 노인의 싸움으로 다시금 정의될 것"이라고 예견한 것처럼 말이다. 이러한 움직임에 주목한 서강대 전상진 교수는 새해 벽두 '세대 게임'이라는 책을 출간해 눈여겨보았다.

세대 게임은 게임의 판을 짠 집단들이 어떤 이익을 취하기 위해 세대를 활용하여 사람들의 경쟁이나 싸움을 부추기는 움직임을 가리키는 말로 전 교수가 만든 신조어다. 이 게임을 고안하고 설계하는 '세대 플레이어'는 일자리, 저출산, 고령화 등 사회 도처에 널려 있는 여러 가지 현안들을 세대의 문제로 해석해 기업, 자본, 정치권력 등 다른 원인에 주목하지 못하도록 한다. 세대와 상관없는 문제도 세대 대립에서 비롯됐다고 주장하면서 다른 원인에 주목하지 못하도록 시선을 돌리기 위함이다. 이 탓에 일부 기득권층을 제외한 대부분의 청년과 노인을 비롯한 기성세대의 삶이 각박해졌음에도 불구하고 청년과 기성세대의 전쟁만이 유독 부각된다는 것이다.

현대 사회에서 하필 세대라는 개념에 주목하는 이유는 한국 사회의 정체성을 표현하기에 이보다 '핫'한 상품이 없기 때문이다. 전 교수는 한때 집합적 정체성의 든든한 버팀목이었던 '민족'의 효력이 약해지고, 다른 나라에서 중요한 버팀목이었던 '계급'이 우리나라에서 변변한 역할을 한 적이 없는 와중에 이 공백을 성공적으로 메운 것이 바로 '세대'라고 주장한다. 또 세대는 모든 것을 지칭하지만, 아무것도 지칭하지 않는 가소성 때문에 조작과 선동의 효과적인 도구로 쓰인다는 것이다.

실제로 지난겨울, 촛불 집회와 태극기 집회가 맞붙은 광장은 세대 간 전쟁터인 듯 보도되고 그러한 영상이 전파를 타고 흘러나왔다. 촛불 집회에 참여하는 사람은 20대부터 70대까지 연령층이 매우 다양했음에도 마치 청년과 기성세대의 충돌인 듯 여겨졌다. '세대 간 갈등'이 진짜 갈등인지 선정적인 부추김에 의한 '착시적 갈등'인지 곰곰이 생각해 볼 필요도 있다는 뜻이다.

천안도 노인인구 9%(6만여명) 넘긴 '고령화사회'

노인인구는 농어촌과 공업·도시 지역의 차이가 확연히 벌어지고 있다. 17개 광역자치단체 중 가장 고령화가 진행된 곳은

65세 이상 비율 21.4%를 기록한 전남이다. 전남은 이미 2014년 8월 초고령사회 기준인 20%를 넘어섰다. 경북·전북(18.8%), 경남(14.7%), 제주(14.1%)가 고령 지자체로 꼽혔다.

전국 226개 기초자치단체 통계를 살펴보면 노인 비율이 높은 곳이 더욱 명확해진다. 1위는 전남 고흥군으로, 노인 인구가 38.1%(2만 5,516명)를 차지한다. 경북 의성(37.7%), 군위(36.6%), 경남 합천(36.4%)도 인구 열 명 중 네 명 정도가 노인이다. 고흥 등을 포함해 65세 이상 인구가 20%를 넘긴 시군구는 93곳으로 전체 시군구 중 41%를 차지하고 있다. 노인 인구 7% 미만인 시군구는 2008년 19곳이었으나 올해 8월엔 울산 북구(6.9%)만 남았다. 북구는 현대자동차 등 공장이 밀집한 곳이다.

우리 지역 천안은 어떨까? 천안 지역 65세 이상 노인인구비율도 매년 높아져 2012년 8.1%, 2013년 8.3%, 2014년 8.6%, 2015년 8.8%로 상승했다. 2017년 10월 말 기준으로는 6만160명으로 전체인구의 9.3%를 차지한다. 전국 기준보다는 한결 양호한 수준이지만, 역시 '고령화사회' 기준 7%는 훌쩍 넘긴 수치다.

한국의 고령화 속도는 최고 수준이다. '고령화사회'에서 '고령사회'에 도달하는 시간은 프랑스 115년, 미국 73년, 독일 40년 정도가 걸렸다. '노인 국가'의 대명사격으로 여겨지는 일본도

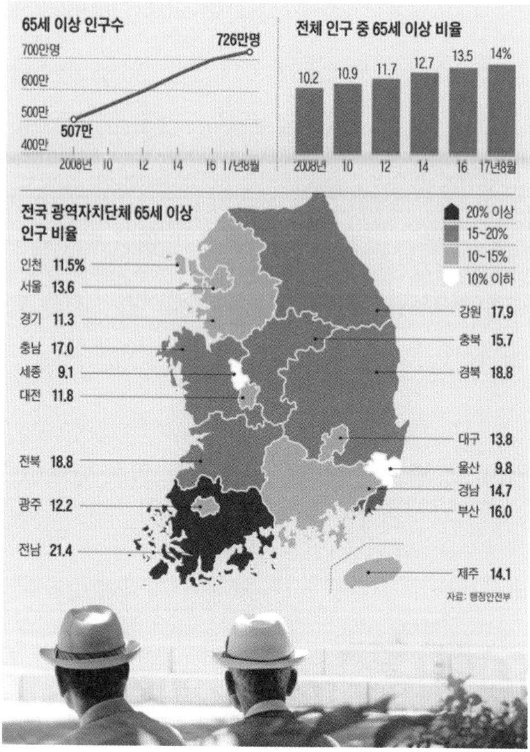

고령화사회에서 고령사회로 진입하는 데는 24년이 걸렸다. 그런데 우리는 단 17년 만에 고령사회에 진입한 것이다. 고령화, 고령화… 신문 지상에서 나오는 이야기를 두고, 그저 의학이 발달했으니 수명이 늘어났지. 요즘 젊은 사람들이 아이를 안 낳아서 그런 거 아녀. 하고 넘기기엔 그 속도나 숫자가 의미하는 실질 파급력이 너무 크다.

인구학자들은 "노인 비율 증가에 따른 대비나 사회 체질을 바꿀 준비 기간이 그만큼 더 짧다는 뜻"이라고 말한다. 통계청은 '초고령사회'(전체 인구의 20%)가 9년 후인 2026년에 올 것으로 예상했지만, 더 빨라질 것이란 예상도 나온다. 의학 발달로 고령자 사망은 자꾸 줄고 태어나는 아이는 계속 줄어드는데 63년생 토끼띠인 나를 포함해 1955부터 1963년까지 태어난 전후 세대, 즉 베이비부머 세대들이 빠르게 노인 인구에 편입될 예정이기 때문이다.

10년간 100조 원 저출산대책… 누구를 위한 혜택인가

다시 해결책으로는 출산율을 높이는 대책이 강구되고 있다. 초혼연령이 빨라지면 출산율이 높아지는 것은 통계로 산출된 결과다. 그러나 맞벌이가 정착되고 결혼과 출산 자체가 '선택'이 된 현장에서 비혼과 만혼, 딩크족이 많아지고 있는 근본원인에 천착하지 못한 채 셋째를 낳으면 얼마, 아이가 몇 명 이상이면 어떤어떤 제도 무료, 육아휴직과 출산휴가 시 임금 얼마 보전… 이런 대책만으로는 해결될 수 없다. 지난 10년간 100조 원 이상의 예산을 퍼부었지만, 단편적인 지원에 불과한 대책이었다는 것은 결과로 증명되지 않았나.

남성 육아휴직이 장려되자, 공무원과 공기업 직원들만 육아휴직을 내고 정부에서 지원하는 해외 근무자 선발 시험을 준비하기 위해 유수 어학원으로 '출근'하고 있다는 뉴스가 흘러나온다. 출산휴가 시 임금 얼마 보전이 문제가 아니라, 출산 휴가를 갈 만한 '여직원'은 면접 대상에서조차 제외되는 것이 '현실'이다. 문재인 대통령은 8세 이하 자녀를 둔 근로자는 1시간 근무시간을 단축해준다는 '획기적'인 아이디어를 내놨지만, 시장의 민심은 그리 반가워하는 분위기가 아니다.

실제 이 제도의 혜택을 받을 수 있는 사람들은 공무원, 공기업, 대기업, 교사 등 저출산대책이 없어도 결혼해서 자녀를 낳고 있는 그룹들이기 때문이다. 오히려 소상공인과 중소기업 경영자들의 한숨만 늘어지고 있다. 지금도 최저임금 인상으로 어떻게 적자나 해고 없이 회사를 이끌어나갈지 고민이 깊은데 어린 자녀를 둔 여성근로자의 근무시간은 1시간을 더 줄여줘야 하니, 역시 애초에 출산 가능성이 있는 여성은 채용하지 않아야 하는 것이 아니냐고 말이다. 역시 '먹고 사는 문제'로 돌아가는 것인가.

미래 성장 동력은 '지역'

미래 성장 동력은 '지역'

조선시대의 지방수령들은 행정·군사·사법권을 모두 갖고 고을의 백성들을 다스렸다. 물론 '다스린다'는 개념이 현재에 어울리는 '단어'는 아니지만, 이들 '목민관'은 백성의 고달픈 삶을 어루만지고 억울한 일이 있으면 들어주며, 시비를 가려주는 일반 행정은 물론 사법권과 고을 내 치안까지 책임지고 있었던 셈이다. 물론 수령이 본연의 역할을 충실히 수행할 때는 '목민관'으로 불렸지만, 그렇지 못한 채 사익을 추구하는 이들은 '탐관오리'라고 불렸다.

2018년 현재 지방정부·지방자치단체의 상황은 어떠할까? 제헌헌법에 지방자치를 명시한 대한민국은, 1952년 지방의회를 대상으로 한 선거가 1952년에 실시되면서 지방자치의 역사가 시작되었다. 4·19 혁명 이후에 지방선거 대상이 지방자치 단체장까지 확대되었다가, 5·16 쿠테타 이후 '지방자치에 관한 임시조치법'에 의해 지방자치제도가 폐지됐다. 1987년 6월 항쟁의 결과물인 개정 헌법에 따라 지방자치법이 부활하면서, 1991년부터 지방의회 선거가, 1995년부터는 지방자치단체장 선거가 실시되어 오늘날에 이르렀다.

지방정부의 재정분권이 중요한 이유는 국민 삶의 질 문제와 직결되기 때문이다. 지역사회 단위로 생성된 지방자치단체에는 서마다 역사적, 환경직, 지역적 특성이 있고 이에 따른 생활밀착형 맞춤 정책이 필요하다. 이는 중앙정부의 거시경제 전략과는 또 다른 세심함이 필요한 문제다. 지방자치제가 도입된 이유이기도 하다.

문재인 정부도 지역균형발전을 '혁신성장'의 핵심 요소로 삼고 국정과제로 지정했다. 그러나 지방분권의 핵심인 재정분권 확충방안을 놓고 중앙정부간 줄다리기가 계속되고 있다. 예산편성권을 가진 기획재정부와 지방분권 및 자치를 관할하는 행정안전부의 이견이 좀처럼 좁혀지지 않고 있는 것이다.

대통령 소속 지방자치발전위원회 내 범정부 재정분권 TF가 가동 중이지만 양부처의 이견이 워낙 커 아직까지 별다른 진전이 없는 상황으로 전해지고 있다. 양측은 지방재정 확충을 위해 현재 8대2인 국세와 지방세 비중을 7대3을 거쳐 장기적으로 6대4 수준으로 개선하자는 수준의 공감을 이룬 것으로 전해진다. 그러나 구체적 방안을 놓고 이견이 좁혀지지 않고 있다. 기재부와 행안부는 지방교부세 폐지를 놓고 신경전을 벌이고 있다. 될 수 있는 한 중앙정부 돈을 건드리지 말자는 입장을 고수 중인 기재부가 지방교부세 폐지를 주장하고 있어서다.

지방분권의 핵심은 '재정분권'

국가가 지자체의 재정을 조정하는 역할을 하는 지방교부세는 국세 수입 중 일정한 비율로 지자체에 교부하는 금액(내국세의 19.24%)이다. 기재부는 공동세를 도입하는 대신 폐지된 지방교부세 만큼을 지방세로 돌리자고 주장하고 있다. 공동세는 중앙정부와 지방정부가 특정 세목을 지정해 세금을 일정 비율로 나눠쓰자는 제도다. 이런 기재부안은 2000년부터 일본이 도입한 '삼위일체 개혁'에서 나왔다. 일본은 이 개혁을 통해 지방에 대한 보조금과 교부세를 줄이거나 폐지하는 대신 중앙정부 세원을 지방으로 대폭 이양했다. 그러나 결국 중앙정부 세원의 지방정부 이양액보다 국고부담액과 교부세 감축액이 더 커 실질적인 재정확충 효과는 없었다는 평가를 받았다.

행안부는 기재부 주장을 “눈가리고 아웅하기”라며 비난하고 있다. 중앙 정부 내에서의 이런 갈등은 어제오늘의 일은 아니다. 내 손에 쥔 권한을 놓지 않으려는 관료적 이기심이 작용한 결과가 아닐까. 현재 기재부의 주장대로 하게 되면 기존 국세가 지방세로 세목만 잡히는 것일 뿐 지방재정이 확충되는 예산은 없는 것과 같다. 사실상 재정분권을 하지 말자는 얘기가 아니냐는 전문가들의 지적이 나오는 이유다. 행안부는 기존 교부세는 유지한 채 지방소비세와 지방소득세를 인상해 국세와 지방세 비중을 장기적으로 6대4 구조로 추진해야 한다고 주장하고 있다.

2016년 결산기준 국세와 지방세 비중을 7대3으로 바꾸려면 20조 원이 필요하다. 국세를 줄이고 지방세를 확대해서 채워넣을 수도 있을 것이다. 부가가치세의 11%인 지방소비세율을 20%로 확대할 경우 6조 4,000억 원의 재정이 확충되고 지방소득세율을 현행 10%에서 20%로 확대하면서 대신 인상분만큼 국세인 소득세와 법인세율을 인하하면 국민이 내는 세금은 동일하되 13조 1,000억 원의 재정이 늘어나 20조 원의 재정이 확보될 수도 있다. 또한 수도권과 비수도권 격차는 지역 상생발전기금(수도권 지방소비세 일부를 비수도권에 배분하는 제도)이나 고향세(고향에 세금을 내면 세금을 깎아주는 제도)도입 등의 장치로 해결할 수도 있어, 되고 안 되고의 문제는 아닌 것으로 보인다. 중앙

정부가 쥐고 있는 핵심 권력, 실질적인 재정 권한 즉 돈을 지방정부에 이양해 줄 것인가. 이것이 문제다.

수도권 중심의 고속성장, 압축성장의 그늘이 지배하는 수많은 부작용 중 지방의 쇠락, 수도권 대 비수도권의 양극단화, 사회적으로도 양극화의 심화와 지역 간, 세대 간, 성별 간의 갈등 고조 양상들은 모두 '집중'과 '선택'으로 포장된 폐해가 아니던가.

혁신성장의 주체는 '지역'
지역별 맞춤형 혁신모델로 미래 성장동력 찾아가야

지난해 말 '국가과학기술혁신 대토론회' 주제발표에서 "국가혁신 과정에서 지역생태계나 지역문화가 점차 중요해 지고 있다"던 강호원 지방과학기술진흥종합계획 총괄위원장은 이렇게 말했다.

"지역 혁신 생태계의 문화가 기업의 경쟁력을 결정한다"
"지역 정책의 본질은 지방분권이 아닌 형평성 제고"

지방정부는 지역 균형 발전을 위해 현재 중앙집중체제보다 효과적 지방분권시스템을 제시해야 한다. 지역 과학기술위원회의 역할을 강화하고 지역 연구개발(R&D) 전문기관을 육성하는 등 지역 고유의 생태계를 조성할 수 있는 독자 기회를 가져야 한다는 것이다. 총론에서 모두 공감되는 말이다. 그러려면 뭐가 필요하겠는가?

지역균형발전을 도모할 수 있는 계획과 그 계획을 실행할 수 있는 예산, 예산 편성권과 이에 따른 재정권한을 갖춰야 가능한 일이 아닐까. 지역균형발전은 시대의 화두, 미래 성장동력을 만들어갈 주체이며 지방분권은 정치시스템 상 권력배분의 문제이기 때문이다. 말잔치의 향연으로만 끝나지 않기를, 실질적인 2018년 7번째로 맞이하는 전국동시지방선거에서 지방분권의 밑거름이 될 공약들이 나오고, 또한 이를 지키기 위한 각 당의 약속이 선행되기를 바란다.

행정도시와 행정수도 사이, 개헌(改憲)

'사람은 낳아서 서울로, 말은 낳아서 제주도로'

한국인의 머릿속에 자리 잡은 '서울제일주의, 서울최고주의'를 극명하게 나타내주는 이야기가 아닐 수 없다. 4차 산업혁명의 물결이 눈앞에 닥친 지금 지역별 맞춤 성장동력 창출을 통해 대기업과 수도권 중심 성장전략이 가져온 폐해를 극복하고 미래로 나아갈 방법은 지방분권과 지역균형발전을 통한 성장동력 창출일 것이다. 이는 5천년 유구한 역사를 통해 한국인의 무의식 속에 뿌리 깊게 자리한 '서울최고주의' 사고가 극복되어야만 가능한 일이다.

대한민국을 서울 일극 중심 국가에서 다극 중심의 국토경영구조로 만들기 위해 추진했던 것이 바로 '신행정수도' 건설, 노무현 정부의 핵심철학이 담겨 있었던 신행정수도 이전 사업의 정책목표였다.

2004년 충청남도 도지사 비서실장으로 시작해 국회 입법보좌관으로 활동한 뒤 대통령 직속 지방자치발전위원회 실무위원으로 참여하면서 줄곧 '지역이 살아야 나라가 산다'는 철학 아래 가져온 국토균형발전, 행정수도 이전 정책 이야기를 풀어보려 한다.

2003년 12월 신행정수도특별조치법이 국회 본회의에서 가결됐다. 2004년 헌법재판소에서 위헌결정을 내리며 행정수도 추진계획이 전면 중단되기도 하였다. 당시 헌재는, 정부의 신행정수도 이전은 단순히 행정수도 이전이 아닌 수도 이전의 문제로 국민투표가 필수적인데 헌법개정 절차를 거치지 않았다는 이유로 위헌 결정을 내렸다. 그에 따라 결국 일부 행정부처만 이전하는 방향으로 결정되었다. 이후 2005년 5월 '행정중심복합도시 건설을 위한 특별법'이 제정, 공포되었고, 2006년 행정중심복합도시건설청이 설립된 데 이어 '세종시'로 명칭을 확정하였다.

행정도시와 행정수도 사이… 세종시는 지금

2010년 12월 '세종시 설치 등에 관한 특별법'이 제정·공포되었으며, 그에 따라 2012년 7월 1일 세종특별자치시가 출범하였다. 우여곡절 끝에 출범한 세종특별자치시는 행정의 비효율성

등의 문제점이 노출되고 있지만 국가경영과 국토균형발전을 위한 새로운 패러다임을 실현해나가고 있는 점은 누구도 부인할 수 없다. 당시 많은 전문가들은 행정중심복합도시 건설에 대한 방향이 국가의 발전 또는 그 이상의 틀, 즉 아시아적 비전과 가치라는 큰 틀에서 접근되어야 한다고 강조했으며, 21세기 아시아 중심국가 건설을 앞당기는 견인차라는 차원에서 그 당위성을 찾아야한다고 역설하기도 했다.

또한 21세기 대한민국의 국가과제인 통일 이후를 대비하여 새로운 국가 체제 구축의 핵심인프라가 바로 행정중심복합도시라는 주장도 제기되었는데 이는 상당한 설득력을 갖는다. 이미 상상할 수 없을 정도로 벌어진 남북한의 격차 속에서 통일을 상정할 경우, 이미 포화상태인 서울은 상징적 의미의 통일한국의 수도로서의 역할에 국한될 수밖에 없다는 것이다. 바로 이런 의미에서 행정중심복합도시는 통일을 대비하여 새로운 패러다임의 전환에 부합하는 것이고 미래를 대비한 가장 적절한 대안이라는 것이다.

현재 세종특별자치시는 2012년 9월부터 총리실과 국토교통부를 시작으로 본격화한 중앙행정기관 및 정부 출연 연구기관의 세종시 입주가 2017년 국토연구원 이전을 끝으로 현재 40개 중앙행정기관 1만 4,699명의 공무원과 한국개발연구원(KDI) 등 15개의 정부 출연 연구기관 3,545명의 연구원이 근무 중이다. 이는 정부기구의 2/3가 이전한 것이다. 이렇게 세종시는 우리나라의 행정중심도시로서 서울에 버금가는 구심력과 자생력을 만들어가면서 사실상 행정수도의 기능을 수행하고 있다.

최근 내년 6월 지방선거와 함께 신행될 개헌과 관련, 한국사회여론연구소(KSOI)가 2017년 11월 발표한 여론조사 결과에 따르면 헌법에 '세종시를 행정수도로 명문화' 하는데 대해 찬성하는 국민(55.5%)이 반대하는 사람(33.7%)보다 비율이 21.8%p 높은 것으로 나타났다. 19대 대선을 치르면서 세종시가 행정수도 기능을 원만하게 수행하려면 헌법에 행정수도 지위를 확보해야 한다는 공감대가 형성된 상황에서 이 같은 여론조사 결과는 매우 중요한 시사점을 주고 있다.

행정수도 헌법 명문화는 5천년 뿌리 깊은 '서울최고주의'라는 국민의식을 바꾸고, 대한민국을 일극중심국가에서 다극중심국가로 국가경영의 페러다임을 완성하는 화룡점정이기 때문이다. 내년 개헌에서 헌법 제3조에 "대한민국의 수도는 서울특별

시로, 행정수도는 세종특별자치시로 한다. 이 경우 행정수도에 관한 구체적 사항은 법률로 정한다"를 넣는 것을 촉구한다. 행정수도 개헌은 균형발전 실현 및 분권 국가 완성과 관습헌법 논란 종결을 위해 반드시 이뤄져야 할 국가적 과제이다.

신행정수도 정책의 시작부터 위헌판결을 거쳐 세종특별자치시 출범까지 현장에서 충청인을 이끌어왔고 세종시 특별법을 발의했던 심대평 전 국회의원, 충남도지사가 밝힌 신행정수도 건설의 당위성은, 왜 지방분권과 균형발전의 상징도시인 세종시에 헌법상 행정수도 지위가 부여돼야 하는지를 잘 나타내주고 있다.

> "오늘날 무한경쟁시대 속에서 「지속적인 국가발전」의 목표를 찾아가야 하는 새로운 전환기를 맞아 국가균형발전은 당위의 문제를 넘어 국가생존을 위한 절박한 과제로 대두되어 왔다.

「신행정수도 건설」은 더이상 방치할수없는 수도권과밀을 막고, 비효율을 걷어내 수도권과 지방이 「상생발전」하기 위한 유일한 대안이다.

이를 통해 「서울=중앙=독점」, 「지방=배제=낙후」라는 등식을 깨고 「지방의 국제화」를 통한 경쟁력을 강화해 나가야 할 것이다. 인구·산업·교육·통화·공항·교통, 심지어 우편물에 이르기까지 서울로, 수도권으로 집중이 가속화되는 「블랙홀」현상이 지속될 경우 비수도권은 속빈 강정으로 피폐해지고, 국가전체의 경쟁력 확보는 물론 국가경영 관리가 어려운 상황까지 전개될 수도 있다. 이 지점에서 「국가균형발전」과 「지방분권」, 「신행정수도 건설」의 시대적 당위성이 생긴다."

2017년 7월 세종시 주최로 열린 세계행정도시 국제포럼에선 브라질, 말레이시아, 터키, 파키스탄, 중국 등 세계 6개국 행정도시 관계자들이 모여, 최근 건설된 행정도시와 오래된 행정도시의 지속가능한 발전의 방향에 대해 토론했다.

우선 6개국 행정도시가 참여하는 세계행정도시 연합을 발족하고 경제, 무역, 과학기술, 문화, 체육, 관광 등 분야별 교류와 협력을 강화할 것에 합의했다. 이번에 참가한 각국의 행정도시는 말레이시아 푸트라자야, 파키스탄 이슬라마바드, 터키 앙카

라, 브라질의 브라질리아 등인데 이중 푸트라자야 관리청장이 각종 인프라와 외형 성장 못지않게 시민의 인력개발이 도시를 완성해나가는 과정이라고 강조한 점은 특히 눈에 띈다. 이를 위해 교육, 복지, 기획재정부서가 긴밀한 협력을 해야 한다고 그는 주장했다.

세계의 행정도시로는 이 외에도 호주의 캔버라, 카자흐스탄의 아스타나 등이 대표적이다. 2010년대 이후 건설되는 행정도시는 세계적으로도 세종시가 유일하다. 글로컬(Glocal: Global + local) 시대를 맞이하여 세종행정도시가 향후 국제적 행정수도로서의 역할을 다하게끔 먼저 헌법에 명시하는 것으로 새로운 출발점을 삼아야 할 것이다.

4차 산업혁명 앞의 국가경쟁력

인공지능(AI)과 빅데이터, 사물인터넷(IoT) 등 혁신적인 기술을 토대로 한 신산업이 빠르게 성장하고 있다. 바야흐로 4차 산업혁명의 시대가 시작된 것이다. 미국과 독일 등 선도 기술을 보유한 선진국은 후발국과의 경쟁격차 확대에 주력하고 있다. 주변국과의 관계도 변하고 있다. 주요 교역 대상국인 중국의 변화가 대표적이다. 수입 부품을 조립해 수출하는 가공무역을 담당해왔던 중국은 '제조강국 도약'으로 성장전략을 전환하고 전통적인 '제조강국'인 한국을 추격하고 있다.

한국은 1960~70년대 정부 주도의 경제개발 계획에 따라 대기업 중심의 성장전략을 통해 고속성장을 이뤘지만, 수출과 투자 중심의 양적 투입 성장전략은 글로벌 환경변화와 4차 산업혁명이 도래한 현 시점에 맞지 않는다는 것이 많은 전문가들의 지적이다. 경제성장의 과실이 일부에 집중되면서 낙수 효과는 사라져 중소·중견 기업은 어려움을 겪고 있으며, 일자리와 삶의 질은 나빠졌다는 것이다. 이 과정에서 산업체질 개선을 위한 근본적 혁신 노력은 오히려 지연돼 새로운 성장전략이 절실한 상황이라는 분석이다.

2008년 글로벌 금융위기 이후 저성장이 고착화되면서 기존 자유무역 중심의 국제질서에 균열이 생기고 있는 것도 우려 사항이다. 올해 초 미국 트럼프 대통령이 'America First' 대원칙을 밝힌 데 이어 선진국과 신흥 경제권에서도 자국시장 중심의 보호 무역주의가 빠르게 확산되고 있다. 우리나라는 수출 주도형 경제 구조를 갖고 있어 적절한 대처가 필요한 이유다.

한미 FTA에 대처하는 우리의 자세

트럼프 대통령은 한미 FTA를 두고 지난해 대선 당시부터 '끔찍한 협상'이라고 표현하면서 개정 협상을 강하게 압박해 왔다. 당시 우리 언론들은 이번 '한미 FTA 개정 협상 착수'를 두고 트럼프의 한미FTA '폐기' 카드가 단순한 엄포용이 아니라 실제 고려됐던 사안이라고 보도했다. 나를 비롯한 많은 이들이 페이스북 등 SNS와 신문, 방송 지상을 통해 수차 말한 바 있고 전문가들 또한 지속적으로 경고해온 사항이었다.

그 어떤 역대 대통령보다 비즈니스에 밝은 그가 평생에 걸친 자신의 전공 분야, 즉 국가경영에 있어서도 철저하게 실리를 추구하는 '사업가적 마인드'를 쏟아 붓고 있다. 말은 거칠고 당황스럽지만 비즈니스적인 본능과 감각은 누구보다 냉철한 트럼프다. 지난해 우리 국회에서 보여준 그의 연설은 오만하지도 불손하지도 거칠고 '무식한' 느낌도 없었다. 오히려 우리 정부가 해야 할 말을 대신해주는 듯 선명한 메시지에 여야 정치인들은 박수를 보냈다.

미국은 1차 공동위에서 자국 농산물에 대한 관세를 즉시 철폐해달라고 요구했다. 향후 민감품목의 시장 개방을 압박해올 가능성이 크다. 그동안 정부는 한·미 FTA 개정과 관련해 쌀을 포함한 농업 분야는 절대 양보하지 않겠다는 입장을 보여 왔지만, 만일 미국이 자동차와 철강 산업분야를 패로 쥐고 농산물까지 흔들면 파장은 일파만파 커질 것이다. 어쩌면 농업 분야는 블러핑에 불과하거나 쓰지 않을 패가 될 수도 있다. 미국은 이보다 더욱 실리적으로 서비스 산업 분야의 추가 개방이나 한미 FTA 체결 때 다루지 못한 신산업분야의 개방을 요구할 가능성이 높다. 당장 자동차 부품의 미국 내 조달을 들고 나올 것으로 보인다.

자동차부품산업은 전방산업인 자동차 제조사의 경쟁력을 좌지우지하는 산업이며 후방산업인 소재, 전기전자, 비철금속, 철강산업에 직접적인 영향을 미치는 주요산업이다. 이들 생산업체들은 대부분 중소기업으로 자동차부품산업 총매출 75조의 40%를 자동차 제조사에 공급하고 있다. 미국의 요구대로라면 이들 중소기업들은 생존에 사활이 걸리는 문제가 아닐 수 없다. 그렇지 않아도 이들의 국내 완성차에 대한 납품 비중이 수년째 해마다 큰 폭으로 줄어들고 있는 상황이어서 관련기업들은 우리 측의 대응과 협상력에 촉각이 곤두 서 있다.

예견된 시위가 당겨진 만큼, 한미 FTA 협상을 준비하는 모든 관료들은 차분하고 치밀하게, 전략적인 협상안을 갖고 국익을 위해 최선을 다해야 할 것이다. 계속되는 한미 FTA 재협상에서는 한 - 미 간 무역수지를 논할 때 늘 배제되는 미국 무기 구입비용의 천문학적인 숫자와 함께 미국인들조차 불안해하고 있는 이 시점에 한미동맹의 중요성을 부각시켜 최대한 협상의 주도권을 잡아야 할 것이다. '현행' FTA의 세부안을 만들며 조율하고 실행해온 것도 전문 관료집단이고, 오늘의 위험성을 누구보다도 먼저 자각하고 있었을 사람들도 그들이 아니던가.

4차 산업혁명 시대 역행하는 '정부 주도형 성장전략'

'4차 산업혁명'은 2016년 1월에 스위스 다보스에서 열린 '세계경제포럼'에서 본격적으로 언급되면서 확산되고 있는 주제다. 1차 산업혁명은 석탄 에너지를 이용한 증기기관과 인쇄술이라는 정보기술을 이용한 기계적 혁명, 2차 산업혁명은 전기에너지와 전화 전보 등 전기통신 기술이 결합된 대량생산 혁명, 3차 산업혁명은 컴퓨터를 이용한 자동화 및 네트워크 혁명을 말한다. 세계경제포럼이 내세운 '4차 산업혁명'은 3차 산업혁명을 기반으로 디지털, 바이오, 물리학 등의 경계를 허물고 융합하는 시대다.

인공지능이나 로봇은 4차 산업혁명 과정에서 만나게 되는 변화의 일부에 불과하다. 산업혁명 때마다 인류의 의식주와 문화, 경제가 뒤바뀐 것처럼 4차 산업혁명이 진전되면서 인류는 새로운 일상과 문화를 맞이하게 될 것이다. 웨어러블 기기가 착용자의 수면과 건강, 욕망을 측정해 빅데이터로 구축하고 이를 분석해 기업은 고객이 원하는 맞춤형 서비스를 제공한다. 이때 인간의 신체적 물리적 한계를 넘는 로봇이나 웨어러블 제품, 생체

칩 제품이 고객의 욕망에 적합한 서비스를 제공하는 시대가 4차 산업혁명 시대다.

중국의 인건비가 오르면 베트남이나 베트남보다 인건비가 더 싼 나라로 기업들이 공장을 옮길 것이라고 생각한 적이 있다. 해외공장을 국내로 복귀시켜 국내 취업을 증가시켜야 한다는 주장도 있다. 과연 그럴까? 현실은 과거의 예측과 다르게 움직이고 있다. 아디다스는 1993년부터 신발 생산 공장을 해외로 이전했는데, 24년 만에 모든 해외 공장을 독일로 복귀시켰다. 2017년부터는 독일에서 생산을 시작하는 것이다. 그러면 독일 내 고용이 늘까? 아니다. 모든 제품은 이에른주에 있는 '스피드 팩토리'에서 로봇이 생산하기 때문이다. 공장의 상주인원은 시스템을 관리하는 10명에 불과하다. 리쇼어링(해외로 이전했던 자국 기업들이 본국으로 돌아오는 것) 현상이 일어나고 있는 것이다.

변화하는 환경에 맞춘 직업 교육은 필수

작업 환경이 급격히 변화하면서 직업 교육의 내용과 방식도 달라지고 있다. 로봇이 사람의 동료가 되면서 그들을 가르치고 활용할 수 있는 정보통신기술(ICT) 습득이 중요한 화두로 떠올랐다. 모든 제조공정이 사물인터넷(IoT), 빅데이터 등으로 연결되면서 근로자의 통합적 사고와 역량이 그 어느 때보다 중요해졌기 때문이다.

보쉬의 '스마트팩토리'한 편에서는 인공지능(AI) 로봇 아파스와 사람이 함께 부품을 조립한다. 무거운 부품은 아파스가 옮기고 사람은 조립만 하는 방식의 협업이다. 175cm 크기의 이 로봇은 매우 섬세한 동작 감지장치를 갖고 있어, 사람이 다가가면 서서히 작업 속도를 늦추고, 몸체에 직접 손을 대면 안전을 위해 작업을 멈춘다. 보쉬는 2016년 협력형 로봇 아파스(APAS)를 선보이면서 근로자의 정보기술(IT) 교육도 의무화했는데, 수습생은 3년 동안 기계를 통해 추출되는 데이터를 분석하고, 로봇과 함께 일하는 법을 배워야 한다. 회사는 이를 위해 독일 전역에 수습생을 훈련하기 위한 '미니 공장'을 운영하고 있다. '미니 공장'은 실제 제품 생산이 이뤄지는 생산 공장을 축소해 지은 시뮬레이션 공간이다.

지멘스도 자사 제조공장 전체를 스마트팩토리로 전환하면서 근로자 교육을 병행했다. 스마트팩토리의 네트워크 시스템을 운용하고 관리할 수 있는 근로자 '재교육'을 대대적으로 실시한 것이다. 그 결과 근로자를 줄이지 않고도 생산성을 여덟 배나 향상시켰다. 독일 정부가 자랑하는 '근로자 소통과 재교육'으로 인더스트리 4.0을 구현한 대표적 사례다.

앞서 소개한 아디다스도 해외 공장을 모두 철수시켜 독일 내에 스마트팩토리를 건설하면서, 새로운 네트워크 시스템과 로봇 운용능력을 갖춘 자국민을 신규 채용했다. 인더스트리 4.0 체제에서 근로자의 일자리를 보전하기 위해 '교육'은 선택이 아닌 '필수'가 된 셈이다.

블록체인 기술 없는 비트코인 투기광풍

'비트코인 좀 사 둘 걸'하고 탄식하는 소리를 자주 듣게 된다. 천 배인지 만 배인지 올랐다고 하는데, 가상화폐라는 것 외에는 어떻게 사고파는지도 모른다. 하루에도 수십 퍼센트 포인트 이상 오르내린다는 걸 보니 대박 아니면 쪽박인 모양이다. 일반적인 투자대상이라고 할 수는 없고, 선물과 옵션 이후 가장 핫한 아이템인 것만은 확실하다.

2015년 한때 1비트 당 25만 원 정도까지 떨어졌던 가격이 지금 2천만원을 호가한다하니 어떤 주식도 넘보지 못할 초고수익이다. 언젠간 1비트 당 가격이 10억을 간다고 해도 놀라지 않을 작정이다. 아니 10억이 1만 원이 된다고 해도 놀라지 않을 것 같다. 돈에 욕심이 나지 않아서가 아니다. 그런 사람이 어디 있으랴. 그저 나와는 상관없는 먼 나라 이야기인 것만 같기 때문이다.

하루 24시간 거래되며 순식간에 수십 퍼센트씩 가격이 오르내리는 가상 화폐는 이미 한국에서 수많은 '비트코인 폐인'을 양산하고 있다. 하루 최대 6조 원씩 거래되고 있는 투자 대상의 가격이 갑자기 폭락하면 경제적 파장이 매우 클 수밖에 없다.

얼마 전 보도에 따르면 비트코인에 이은 2대 가상화폐인 '이더리움' 관련 사기 피해액이 2,700억원에 달한다고 하니 전문 사기꾼에겐 이보다 더 좋은 먹잇감이 없었던 듯 싶다. '가상화폐'라니, 실물이 없어 손에 잡히지 않는 아이템인데다 외신과 국내 언론은 연일 비트코인 열풍, 블록체인 기술, 4차 산업혁명 등을 단편적으로 보도하고 있으니 말이다.

다만 국무총리와 법무장관이 나서 비트코인 광풍 현상이 병리적이라고 지적하거나, 투기과열과 범죄 증가 등 국민 피해가 커질 우려가 있다며 규제방안을 마련하겠다고 밝힌 정도다. 정부가 선뜻 가상 화폐 거래 중단이나 거래소 폐쇄 같은 강경책을 꺼내지 못하고 있는 것은 핵심기술인 블록체인의 유효성 때문이다.

금융·물류·의료 정보 등 현재 생겨나는 데이터는 대부분 대형 컴퓨터(서버)에 저장된다. 데이터가 한곳에 모여 있기 때문에 해커들의 공격을 받거나 오류가 일어나면 치명적이다. 그렇

다면 이런 데이터를 네트워크 모든 사용자에게 분산하면 어떨까. 이런 아이디어에서 탄생한 것이 블록체인(blockchain·공공 거래 장부)이다.

블록체인은 서버가 아닌 인터넷으로 연결된 특정 네트워크상의 모든 컴퓨터에 데이터가 동시에 저장된다. 수많은 복사본이 생겨나는 것이다. 블록체인으로 생성된 데이터는 일정 시간마다 '블록'이라고 불리는 단위로 묶여 시간 순서대로 쌓이는데, 블록이 생길 때마다 네트워크로 분산돼 있는 각각의 복사본들이 정확히 일치하는지 한꺼번에 대조하는 기술이다. 이를 해킹하려면 모든 컴퓨터에 저장된 기록을 다 고쳐야 한다. 사실상 해킹이 불가능하다는 구조라는 뜻이다. 블록체인이 혁신기술로 평가받고 있는 이유다.

정작 문제가 된 것은 블록체인의 기술적 허점을 노리거나 이를 우리 산업 경쟁력으로 승화시키고자 하는 노력에서 비롯된 것이 아니라, 그저 '비트코인' 그 자체의 가격에만 집중한 투기 성향과 이를 노린 사기꾼들의 '사기행각'이다.

비트코인은 사행성 '투기'일 뿐인가?

안타깝게도 한국사회에서 비트코인은 현재 '투기' 그 이상도 이하도 아닌 듯 보인다. 비트코인의 핵심 기술 블록체인에 대한 개발이나 도입에 대한 논의는 없이 젊은 청춘들은 물론 노인층까지도 이 '투기'에 뛰어들었다고 하니 말이다.

흔히 투기의 역사를 말할 때 17세기 네덜란드의 튤립 광풍을 예로 든다. 튤립 뿌리 하나가 온 가족이 평생 일해 버는 돈보다 더 비싸게 거래되기도 했다니, 가히 지금의 비트코인 광풍에 비견할 만 하다. 그토록 몰두하는 것은 급격한 변동성 때문이기도 한데 그 변동성이 줄곧 아래로 향할 위험에도 대비해야 한다. 말린다고 안 할 한국인이 아니니 없어도 괜찮을 정도의 소액 정도만 투자해 놓고 과연 그 결말이 어떨지 지켜보는 것도 흥미로울 것 같다.

투기 현상은 사회의 산물이 아닐 수 없다. 제재를 가하고 투기의 폐해를 아무리 강조해 봐도, 노력하면 정말로 잘 살 수 있겠다는 생각이 확산되기까진, 비트코인이든 제2, 제3의 가상화폐

이든 열기는 쉽게 진정되지 않을 것 같다. 무엇보다도 현실에서 희망을 찾지 못한 젊은 층이 비트코인 투기에 열중하고 있다고 하니 그들에게 희망을 주는 사회를 만들어가는 것이야말로 우리 기성세대가 해야 할 일이 아닐까.

북핵과 남북대화 사이 통일의 정치학

명실상부한 '핵 보유국'의 지위를 누리기 위한 북한의 외교 전술이 나날이 세련되어지고 있다. 북한의 노골적인 대남 - 대북 구분 전략이 시작된 것이다. 외교술에 있어서만큼은 우리보다 훨씬 정교하다는 느낌 또한 나만의 생각은 아닌 듯하다.

북한은 2018년 신년사를 통해 평창 올림픽 참가 의사를 시사했고, 우리 정부는 즉각 화답해 1월 9일 남북고위급 회담 재개에까지 합의했다. 지난해 11월 29일 동해상으로 장거리 탄도미사일을 발사한 지 한 달여 만에 일어난 일이다. 북한은 지난해 총 18회의 미사일 도발을 감행했다.

북한이 평창 동계 올림픽에 대표단 파견을 계기로 대화에 긍정적인 신호를 보내면서 우리 정부는 북한의 행동을 미심쩍게 바라보는 미국과의 사이에서 남북대화에 대한 의구심을 해소

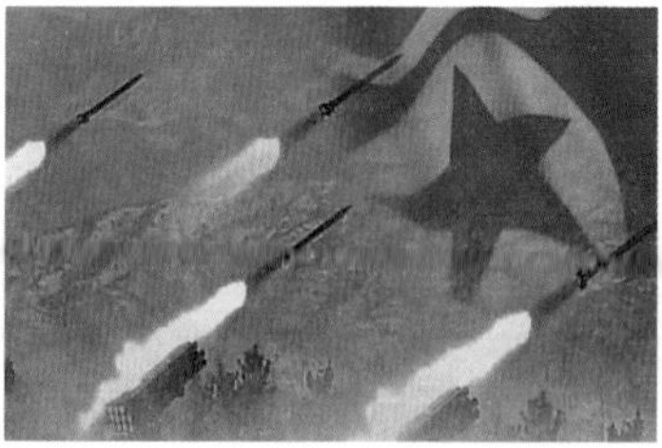 

하고 한반도 비핵화라는 과제를 관철해야 하는 처지에 놓였다. 미국은 당장은 남북대화에 대해 관망세를 보이고 있지만, 불편한 속내를 감추고 있지도 않다.

북한의 평창올림픽 참가 입장에 따라 1월 9일에는 단절된 판문점 연락채널을 복구하면서 남북대화를 재개키로 했다. 문제는 미국의 태도다. 외신에 따르면 미국은 남북 간 대화 자체에는 반대하지 않는다는 입장을 취하고 있다. 트럼프 대통령은 북한의 남북회담 제안이 "좋은 소식일 수도 있고, 나쁜 소식일 수도 있다"며 유보적인 입장을 취했다. 트럼프 행정부는 이보다 강하게 불쾌감을 드러냈다. 허버트 맥매스터 백악관 보좌관은 김정은 북한 노동당 위원장의 신년사를'한국과 미국을 멀어지게 하려는 목적'이라고 규정했다. 헤더 노어트 국무부 대변인도 "자리에 앉아 대화하는 데 있어 김정은의 진정성에 대해 매우 회의적"이라고 했다. 명시적 반대는 아니지만 불편한 기색을 숨기지는 않은 것이다.

2017년 북한의 미사일 도발 일지

- 2. 12 평안북도 방현 일대에서 동해상으로 북극성 2형 미사일 1기 발사
- 3. 6 평안북도 동창리 일대에서 동해상으로 스커드ER 추정 미사일 4기 발사
- 3. 22 강원도 원산비행장 일대 미사일 1기 발사했으나 실패한 것으로 추정
- 4. 5 함경남도 신포 일대에서 동해상으로 탄도미사일 발사
- 4. 16 함경남도 신포 일대에서 불상 미사일 발사를 시도했으나 실패 추정
- 4. 29 평안남도 북창 일대에서 북동쪽 방향(방위각 49도)으로 미사일 1기 발사했으나 실패 추정
- 5. 14 평안북도 구성 일대에서 중장거리탄도미사일(IRBM) 화성 - 12형 1기 발사
- 5. 21 평안남도 북창 일대에서 북극성 2형 미사일 1기 발사
- 5. 27 북한 동쪽지역 추정, 신형 지대공 미사일 발사
- 5. 29 강원도 원산 일대에서 동쪽으로 스커드ER급 탄도미사일 발사
- 6. 8 강원도 원산일대에서 단거리 지대함 미사일 발사
- 7. 4 평안북도 방현 일대에서 동해방향 대륙간탄도미사일(ICBM)급 화성 - 14형 미사일 1기 발사
- 7. 28 자강도 무평리 일대에서 ICBM급 화성 - 14형 미사일 1기 발사
- 8. 26 강원도 깃대령 일대에서 단거리 미사일 3발 발사
- 8. 29 평양 순안 일대에서 일본 상공을 지나 북태평양 해상으로 화성 - 12형 미사일 1기 발사
- 9. 3 풍계리 핵실험장에서 제6차 핵실험 단행.
  북한 "대륙간탄도로켓 장착용 수소탄 시험에서 완전 성공" 발표
- 9. 15 평양 순안 일대서 북태평양 해상으로 탄도미사일 1기 발사
- 11. 29 평안남도 평성 일대에서 동해상으로 장거리 탄도미사일 1기 발사.

북한이 신년사에서 핵·미사일 완성을 선언하고 미국에 대해 각을 세우면서 한미 동맹의 목표인 '한반도 비핵화'나 '북핵 동결'에 다다르기는 요원하다. 미국이 이번 북한의 대화 제의를 떨떠름하게 보는 이유다. 새라 허커비 샌더스 백악관 대변인은 "한국을 포함한 역내 파트너들과 함께 계속해서 최대의 압박을 가하는 데 전념하겠다"고 대북 제재 방침을 재확인했다.

한반도의 지정학적 위치와 남북분단의 현실 속에서 우리에겐 한미동맹 강화와 전술핵 재배치가 필요하다고 생각한다. 북방 삼각동맹과 남방 삼각동맹으로 대립했던 냉전의 유산을 이어가자는 이야기가 아니다. 당장 한 달 전에도 우리 동해상으로 미사일을 쏴대던 북한이다. 의도가 어떻든 남북대화 채널 복원과 이산가족 상봉의 대업을 이뤄낼 수 있도록 고도의 정치력을 발휘해야 하기에 명확한 외교 가이드라인이 필요한 것이다.

미국의 핵우산이라도 빌려 써야 한다고, 안보적 위기상황을 현실적인 감각으로 대면해야 한다는 것이 일관된 나의 생각이다. 자주국방이 가장 좋지만 당장 핵미사일 날려대는 이 위험한 상황 속에서 국가와 국민, 내 이웃과 가족을 지키는 현실적인 대책을 마련하는 것이 당연하고도 책임 있는 자세라고 보기 때문이다. 경제 문제도 마찬가지다. 현실적이고도 책임 있는 협상과 전략을 가지고 일관된 외교 - 경제 메시지를 가져가야 되

이창수 ▸ 자유한국당

2017년 9월 6일 ·

언제까지 안보문제를 두고 했다, 안했다 - 진실공방을 벌일 겁니까? 문재인 대통령은 어째서 트럼프 대통령과 대화만 했다하면 워싱턴과 다른 발표를 하는 겁니까? 시쳇말로 트럼프가 '또라이'라 그렇다고요? 기사에 언급됐듯 걔들 국내 정치용이라고요? 반대 아닙니까? 서로 첨예하게 다툴지언정 독일, 캐나다, 프랑스 어느 나라 정상과 대화 후 딴소리를 내놓던가요. 일촉즉발의 상황입니다. 원외에 있는 저조차도 책상에 앉을 새 없이 몸도 마음도 분주했습니다.

북한이 6차 핵실험을 단행했습니다.
일요일 오후 조선중앙방송 이춘희 아나운서의 ICBM장착용 수소탄 시험 완전성공을 알리는 비장하고도 위압적인 목소리를 실시간으로 들을 수 있었습니다.
이쯤되면 우리 국민 누구나 이제 북한이 핵을 보유하게 된 것인가 라는 원초적 궁금증과 불안감을 갖게됩니다.
그동안 북한의 6차 핵실험을 전세계가 주시해왔던 이유는 6차 핵실험이 실질적으로 핵보유를 인정받기 시작하는 단계였기 때문입니다.

월요일 오전 국회에서 '북한의 핵 독점시대, 대한민국의 활로는'이라는 주제로 국회 핵포럼 6차 세미나가 개최되었습니다.
초청강사인 전성훈 전 통일연구원장은 북핵문제를 이렇게 정리하고 있습니다.
"핵으로 미국을 직접 위협할 수 있는 능력을 완비한 상태에서 미국과 담판을 지어 사실상 핵보유국으로 인정받고 미국의 개입을 차단한 후 한반도에서 남한을 정치 군사적으로 압도하고 그 여세를 몰아 북한 주도의 통일을 실현하겠다는 것이 김정은 정권의 핵전략이 추구하는 목표이다"라며 "결국 핵은 북한의 김씨 세습정권에 있어서 남한 적화통일을 실현할 수 있는 절대무기(Absolute Weapons)인 셈이다"

그러면 절대무기를 가진 북한에 우리는 어떻게 대응해야 할까요? 북한이 핵 미사일 시험을 중단하고 우리는 한미 군사훈련을 중단하는 식의 타협이 과연 가능할까요? 세계 군비통제 역사상 일방의 핵 전력과 일방의 재래식 전력을 상호 감축한 전례는 없다고 합니다. 즉, 재래식 대 재래식,
핵 대 핵의 구도를 정립해야만 한반도의 안보상황을 안정되게 관리할 수 있다는 논리입니다.

어쩌다 우리 안보현실이 이 지경이 되었을까요? 91년 미 부시대통령의 전술핵 감축 선언에 따라 주한미군 전술핵이 철수되면서 부터 북한의 핵개발 사실이 공론화되기 시작했는데 결국 지난 26년간 우리 정부의 북핵정책과 전략이 실패한 뼈아픈 대가일 따름이지요.
역대정부에서 북핵전략이 왜 실패했는냐라는 질문에 전성훈 박사는 이렇게 답변합니다. "북한을 너무 쉽게 봤다"
세미나의 결론은 '주한미군 전술핵 재배치' 또는 '자체 핵 무장 프로그램 가동'으로 마무리 됩니다.

"스스로 일어설 수 있는 힘이 없으면 누구도 손잡아 주지 않는다"는 평범한 말이 실감나는 시국입니다.

<트럼프 또 "한국에 미국 무기구매 허용"...청와대 해명 무색>

이창수 페이스북 페이지
https://www.facebook.com/cheonan.cslee/

지 않겠는가? 안보도 경제도 예측불가의 위기에 서 있다. 지금까지처럼 오늘은 동쪽에서 북치고 내일은 서쪽에서 징 울리는 아마추어리즘은 즉각 접고 국정운영에 몰두해도 늦은 감이 있다는 것이 많은 전문가들의 지적이다.

평창올림픽 이후 남북대화의 모멘텀 살릴 전략 세워야

문재인 정부 출범 이후 북한에 강하게 대화 제의를 해오던 우리 정부로서는 대화 테이블에 나서긴 해야 하지만 미국의 입장도 십분 고려해야 하는 처지다. 국제적으로 이뤄지고 있는 대북 제재를 유지하면서도 평창 동계 올림픽 초대라는 두 가지 목표를 이뤄내야 하는 셈이다. 여기에 우리 정부는 이산가족 상봉 등 대화 채널 복원을 계기로 다양한 접촉을 시도하고 있는 상태다.

문재인 대통령의 방중 홀대론 논란, 사드배치를 두고 오락가락 입장을 보이다 결국 성주 주민들의 애달픈 마음만 아프게 했던 기습적인 사드배치, 공론화 과정 없던 탈원전 선언 등 문재인 정부의 대책 없는 아마추어리즘 정치는 어떤 이유에서든 재개되어 기쁜 남북대화 이후를 걱정하게 만든다.

통남봉미나 통남통미, 남북미 삼각관계든 우리가 올림픽 이후 멀리까지 바라보고 미국까지 대화의 장으로 설득할 전략을 세워두었을까? 아니라면 지금부터라도 세워주기 바란다. 물론 1988년 서울 올림픽 이후 30년만의 평창 올림픽을 앞둔 지금은 올림픽만 생각할 때다. 그 이후에도 긍정적인 상황이 이어질 수 있는 모멘텀을 살릴 수 있도록 국방과 외교, 통일, 경제 상황까지 아우르는 다양한 대비책과 플랜 B, C, D까지 생각해야만 한다.

인사(人事)가 만사(萬事)다

'나라의 존망은 인재를 어떻게 쓰는가에 있다'

2천년 전 사마천의 사기(史記)에 나오는 말이다. 사기 자체가 수많은 인물에 대한 탐구서이므로 인재등용에 대한 그의 철학이 담긴 '명언'이라고 할 수 있겠다. 결국 그렇다. 고루한 소리 같지만 결국 인사(人事)가 만사(萬事)다.

한국사회에서 국가의 인재등용의 장은 크게 두 가지로 나눌 수 있겠다. 하나는 현재 일반행정 기준 9급, 7급, 5급 공채 시험을 통한 공직 입문이요, 다른 하나는 정권을 창출한 대통령이 정권에 필요한 인사들을 요직에 기용하는 '정무직'등용이다. 그 중 국무위원으로 국가 중대사를 결정하고 각 부처의 업무를 총괄하는 장관직은 과거로 치면 '정승' 뻘인 셈이니 자리가 갖는 무게는 이루 말할 수 없다.

장관뿐 아니라 감사원장 대법원장 등 정부의 주요 인사들은 인사청문회 자리에 서게 된다. 그러나 어느 정권이 들어서든 이 인사청문회의 검증에서 온전히 품위를 지키켜 통과하는 이들이 많지 않은 것은 검증의 잣대가 엄격해서라기 보단, 고위 공직자에 오르는 이들이 살아온 방식이 대다수 서민과는 다른 행보였기 때문일 것이다.

문재인 정부는 대선공약인 고위공직자 인사검증 5대 원칙을 최근 7대 원칙으로 늘리고 세부사항으로 병역기피, 세금탈루, 불법적 재산증식, 위장전입, 연구부정행위, 음주운전, 성관련 범죄를 꼽았다. 이는 문대통령의 정권창출에 기여한 공을 인정받은 이들이 그간 인사청문회에서 자격미달로 줄줄이 낙마를 한 이후에 다시 세운 원칙들로, 세부적으론 과거의 관행에 대해선 느슨해진 내용들이다.

나라의 존망이 달려있는 인사정책

대통령이 주위 사람을 내정하고 임명할 수는 있다. 대통령에게는 고유의 인사권이 있고, 공직자로서 적합한 도덕성과 능력을 갖췄는지 검증하는 것은 인사수석과 민정수석, 비서실장이 해야 할 '책무'니까 말이다. 그런데 사전검증 자체가 부실한 정도를 넘어 그냥 이 사람을 쓰겠다는 것 아닌가 하는 의혹이 갈

정도라면 보통 문제가 아니다. 다산 정약용(茶山 丁若鏞)의 인재 등재방식을 보면, 다산은 정실 및 암기 위주로 보는 과거제도의 폐해를 통렬하게 비판했다. 일본처럼 공정한 방식으로 인재를 등용해야 문과 무 모두 강해질 수 있다고 봤던 것이다. 그러면서 공정한 추천 제도를 강조하는데, 작금의 인재 추천방식은 누가 봐도 입맛 추천의 성격이 강하다.

미국의 경우 상원의 비준을 받게 되어있는 고위직 인사는 청문회 시작 전 최대 800문항에 달하는 자격적합 서류에 후보자가 답을 해야 한다. 후보자는 백악관에 이어 상원 조사위원회의 사전 조사에 응해야 하며 그 기간은 몇 개월이 걸린다. 우리와 미국을 직접 비교하는 것은 무리일 수도 있지만, 후보자의 도덕성 검증이 이미 된 이후에 업무수행능력이나 앞으로 펼칠 정책에 대한 질문을 하는 미국의 인사청문회와 달리, 과거 행적 및 도덕성 논란으로 시간을 다 허비하는 우리의 인사청문회는 문제가 있다.

맏형의 인사 청탁도 거절할 정도로 청렴과 공평무사의 대명사로 불렸던 조선 중기 문신 이경석은 당시 이미 인대(人帶)라는 인사기록부를 만들어 활용했다. 인대에는 현직 관료는 물론 관직에 나서지 않고 숨어 지내는 인재들까지 빠짐없이 기록되어 있었다. 그는 인재라면 지역을 가리지 않고 발굴해 등용하고

자 애썼는데 당파와 학문을 가리지 않았다. 송시열, 선우협, 김만영, 정도응 등 성격이 다른 이들을 등용했던 역사를 통해 알 수 있는 사실들이다.

삼국지 속 조조의 인재 등용술이 현대에까지 회자되는 것은 그 공정함과 귀천을 가리지 않는 '능력중심' 선발의 방침에 있다. 조조는 인재를 등용함에 있어 출신성분을 가리지 않았고, 적이라도 능력이 뛰어나면 과감하게 등용했다는 점이다. 그래서 천하통일의 초석을 세울 수 있었던 것이다. 임진왜란 중 충무공 이순신과 권율 같은 하급관리들을 천거하는 등 인재를 보는 눈이 탁월했던 유성룡은 1594년 전시 때 몰린 건의서 청광취인재계(請廣取人才啓)에서 신분이나 가문을 따지지 말고 인재를 발탁해야 한다고 했다. 변절자 소리를 듣긴 하지만 세종부터 무려 여섯 왕을 보좌하면서, 행정, 외교, 국방 등에 탁월한 능력을 발휘했던 신숙주는 오늘날로 치면 최고의 인재에 속한다고 할 수 있다. 여섯 왕이 그를 썼다는 것은 임기를 채우기도 전에 물갈이되는 현행 제도에서는 상상할 수 없는 일이다.

병법서인 육도(六度)에는 장군을 고르는 8가지 원칙이 있다. 탁월한 전문능력, 위기관리능력, 조직에 대한 충성, 인격과 도덕성, 청렴, 정조, 용기, 술에 강해야 함이다. 오늘날에 대입해보면 전문능력과 위기관리능력은 후보자의 이력에서 찾을 수

밖에 없고, 인격은 주위의 평판을 참고하되 도덕성과 청렴은 인사원칙만 제대로 작동하면 검증이 될 것이다. 조직에 대한 충성은 국민을 위한 충성으로 바꿔 읽어도 무방할 것이며, 정조란 어떤 굳셈으로, 용기는 단기인기에 연연하지 않고 부당한 압력에는 저항할 수 있는 마음가짐으로, 술에 강함이란 유혹에 흔들리지 않는 자세를 뜻하기도 한다. 술로 인해 성추문이나 사적 발언이 문제가 되어 국민의 공분을 일으키는 경우가 얼마나 많은가. 국민을 동물에 비유해 공직에서 파면되고 행정소송 중인 공직자도 있지만, 그 발언이 진심이든 아니든 아무튼 그는 육도의 원칙에 의하면 장군감에서는 탈락인 것 같다.

공정사회의 시작, 내로남불 아닌 '평등'한 인사 원칙

청문회가 무서워서 후보로 지명 받아도 고사하는 사람들이 많아, 후보로 내세울 만한 인재가 없다는 것은 우리 사회의 지도층들이 얼마나 알게 모르게 불법을 자행해 왔는지 유추할 수 있는 대목이다. 워낙 만연하다 보니 웬만한 건 봐주겠다는 내부 기류가 형성되어 있기도 하다. 문제는 부동산 다운계약서, 자녀 교육용 주소이전, 소득세 축소신고 등만이 아니다. 정보를 빼내 주식 및 부동산 투기를 하고, 정부지원사업에서 사익을 취하고, 이런 사람들이 국가를 위해 봉사하겠다고 나서고, 정부는 궁색한 논리로 이를 감싸다가 여론의 뭇매로 사퇴서를 받아들고 나서야 다시 새 후보자를 졸속으로 찾아보고 있는 형편이다. 상황이 그렇다 보니 부인과 자녀들이 청문회 노이로제로 지레 겁먹고 말리느라 후보자 찾기가 더욱 어렵다고 한다. 내 남편이, 내 아버지가 실제로 어떤 분이신지 청문회 덕분에 강제로 알게 되었다는 서글픈 이야기도 있다.

재산문제나 도덕성 문제에서 자유로울 수 있는 후보자가 전무하다시피 한 현실이 안타까울 따름이다. 재산 축적 문제라면, 정도 차이만 있지, 공직자나 교수나 따로 없이 여야가 따로 없이 대담한 행동을 하는 관습이 언제부터 존재해 왔던 것인지 모르겠다. 심지어 어느 정도의 재산이 없으면 무능하다는 소리를 듣던가, 심지어 그분은 재산이 많으니 뇌물을 받거나 도둑질은 하지 않을 것이 아닌가 하는 이상한 논리를 앞세우기도 한다. 정당하게 번 재산이나 유산 상속 등은 나무랄 일이 아니지만,

탈세, 뇌물수수, 편법증여 등 일반인은 상상할 수조차 없는 그들만의 절세법은 청문회가 진행될 때마다 그 기법의 치밀함을 더해 서민들의 박탈감을 더한다.

공자가 말하기를 '자신에게 엄격하고 타인에게 관대하라'고 했다. 지도층들이 자신에겐 관대하고 국민에겐 엄격한 거 아닌지 묻고 싶다. 설마 장관이나 대법관 등의 자리를 가문의 명예로 생각하고 어떻게든 일단 자리에 앉고 보자 그런 생각인 건가? 누가 보아도 훌륭한 지도층 인사, 청렴과 소신으로 살아온 인생, 그렇듯 우리 청소년들과 일반인들에게 귀감이 될 수 있는 '정승'들을 많이 발굴해주었으면 좋겠다. 당리당략과 정파를 떠나 국민 모두의 추앙을 받는 지도층, 너무 큰 욕심일까?

인사청문회는 적재적소에 사용할 사람을 뽑는 일로 그치지 않는다, 어떠한 인재가 정부에 등용되는가는, 꿈을 가진 젊은이들에겐 꿈을 키움에 매진할 수 있는 중요한 동기 요인이다. 아무리 노력해도 사회의 첫 진입부터 전반의 성공이 부모로부터 물려받은 인적 자본과 문화적 자본, 그로 인해 형성된 뿌리 깊은 인맥에 따라 좌우된다면 국민들은 무엇을 바라보고 아이를 교육시키며 미래를 향해 나아갈 수 있을까. 요행과 청탁에 의존한 입시, 채용, 승진인사가 만연할 수밖에 없을 것이다. '건물주'가 꿈이라는 아이들의 장래희망 통계를 보며 결국 믿을 건

돈 뿐이라는 사회 풍조를 만들어 준 것 같아 기성세대로서 마음이 무겁다.

공정사회 건설, 사회 정의 바로 세우기는 무엇보다도 공정한 인사와 기회의 공정함에 있을 것이다. 올바른 인재를 발탁하고, 그렇게 발탁된 인재는 원칙을 가지되 상황에 따라 유연하게 대처할 수 있기를, 국민을 위한 정책의 시작점에 내로남불이 아닌 누구에게나 평등하고 공정한 인사원칙이 바로 서기를 기대한다.

제3장

효 이야기

웬 효이야기?

철 지난 효(孝)타령이냐고 타박하는 이들도 있다. 그러나 인류 최후의 보루는 효, 나를 세상에 나오게 한 부모님에 대한 사랑과 존경의 마음을 잃지 않는 것이라고 나는 생각한다. 정치를 하겠다고 나선 이후 정책적인 접근을 통해서도 역시 최고의 복지는 '효'라는 생각을 다시금 하게 된다. '효'를 배우고 공부하게 된 배경이다.

장기요양보험 확대, 고령사회 진입, 지하철 무임승차 논란으로 시작된 노인연령 상향 추진, 한정된 일자리를 두고 벌이는 청년 세대와 장노년 세대의 갈등… 이러한 마당에 효는 무슨 효냐고 강변하는 이들도 있을 수 있겠다. 국가의 복지 책임을 개인에게 돌리려는 꼼수가 아니냐는 반론도 나올 수 있다. 그러나, 부모세대가 자녀에게 가장 원하는 것이 무엇일지 생각해 본 적이 있는가?

'부모님 얼굴 자주 뵙는 것이 가장 큰 효도'

중국에서 발의된 '효도법'은 바로 이런 차원의 것이다. 멀리 살고 계시는 부모님을 정기적으로 찾아뵙고 자식 된 도리를 다 하지 않으면 처벌받는다라는 것. 다분히 공산주의국가다운 발상이지만, 기저에 있는 '부모마음'은 깊이 생각해 볼 법하다.

최근 천 이백만 관객을 넘어설 것이라는 영화 '신과 함께'. 이 영화의 개봉으로 나의 '효' 타령은 좀 지지를 받게 되었다. 최근 어딜 가서나 역시 '이창수'답다는 말까지 들었으니 참으로 고마운 영화다.

이 영화의 '저승 법'에 의하면, 모든 인간은 사후 49일 동안 7번의 재판을 거쳐야만 한다. 살인, 나태, 거짓, 불의, 배신, 폭력, 천륜 등 7개의 지옥에서 7번의 재판을 무사히 통과한 망자만이 환생하여 새로운 삶을 시작할 수 있다. 화재 사고 현장에서 여자아이를 구하고 죽음을 맞이한 소방관 자홍이 겪는 7번의 재판 과정을 다룬 이 이야기의 원작은 주호민 작가의 동명 작 '신과 함께'라는 웹툰을 원작으로 하고 있다. 천륜지옥, 부모에게 불효한 자, 부모의 가슴에 박은 대못만큼 처벌을 받게 되며 7개의 지옥 중 가장 무거운 죄로 다뤄진다.

2018년 새해, 누구나 한번쯤 극장을 찾아 이 영화를 보셨으면 한다. 이 졸저에 쓰인 나의 천 마디 말보다 '효'가 주는 의미를 더 울림 있게 전해주는 영상이었으므로.

인류멸망을 막는 최후의 보루, 효

골프를 칠 때 티박스에 올라서면, 호쾌한 드라이버 샷을 기대하기에 앞서 옆의 캐디한테 으레 한마디 건네게 된다.

"어디 보고 쳐야되죠?"

캐디가 대답하기도 전에 함께 라운딩하는 입심 좋은 동반자가 먼저 치고 나온다.

"앞을 보고 치면 돼."

만약에 "어떻게 쳐야되죠?"라고 물어봤다면 이 동반자의 구라멘트는 100%.

"자알…"

썰렁한 개그 같지만 우문현답 아닌가?

우리나라 사람들이 가장 많이 듣는 말 중에 하나가 바로 "부모님께 효도하라"가 아닐까 싶다. 그런데 효도란 무엇이며, 어떻게 해야 하는 것일까. 알 것 같기도, 그렇지만 뭐라 정답을 말해야 할지 우물우물 입 안을 맴돌기도 한다. 현대인답게 일단 스마트폰 속 초록창에 '효(孝)'가 무엇인지 물어본다. 친절한 초록창 속 효의 의미는 국립국어원 DB와 연결돼 1번 2번으로 나누어 답을 준다.

1. 부모를 잘 섬기는 도리. 2. 부모를 정성껏 잘 섬기는 일.

내친 김에 그럼 '효도(孝道)'는 뭔가 다시 쳐본다. 이번엔 더 친절하다. 두산백과사전에서는 이렇게 설명한다.

'효도는 부모에 대한 공경(恭敬)을 바탕으로 한 자녀의 행위'
라고.

효가 무엇이고 효도를 어떻게 해야 하는가에 대한 대답은 역시 우문현답일 수밖에 없다. 효도는 누구에게? '부모님에게' 어떻게? '잘' 섬기고 모시는 것이다. 이렇게 담백하고 쉬운 효도, 우리는 하고 있는가. 누구나 알고 있고, 누구나 해야 한다고 생각하고, 또 누구나 할 수 있는 우리 효의 실상은 그리 녹록하지 않다.

카드 빚 때문에 어머니를 살해했다는 뉴스는 이 시대에 더는 특별한 이야기가 아니다. 하지만 그 어떤 뉴스보다도 이러한 뉴

스는 우리의 심장을 할퀸다. 그저 가족 중 누군가 나서 채널을 돌려 버리기를 바랄 뿐이다. 왜냐하면, 이러한 참혹한 사태가 아무리 현실이라 하더라도 우리 마음은 그 사실을 부정하고 싶기 때문이다. 그만큼 부모에 대한 효는 폄하될 수 없는, 지극하지는 못하더라도 최소한의 도리는 지켜야만 한다는 마음이 누구에게나 있기 때문이다. 우리는 그렇게 배웠고, 알고 있으며, 믿어왔다.

그런데 효는 왜 이렇게 무시되고, 헌옷보따리처럼 방치되고, 기껏해야 마지못해 하는 의무행위 정도의 취급을 받게 되었는가. 우리 시대에 효가 다시 효로 대우받는 방법이 있는 걸까. 노후에 쓰려고 모아 놓은 많지도 않은 돈 때문에 자식이 칼을 들고 덤비는 험한 꼴(?)을 당하지 않으려면 '나'는 지금부터 어떻게 해야 할까. 그리고 부모가 자식을 두려워해야 하는 이 시대에, 자식은 어떻게 부모를 모셔야 하나.

이 글을 시작한 이유가 바로 여기에 있다. 어제의 효, 오늘의 효, 그리고 내일의 효가 어떻게 변화했고 앞으로 어떻게 바뀌어 갈 것인가 등에 대해 함께 지혜를 모아 보고자 한다.

타고르(R. Tagore)는 누구인가. 아시아 최초로 노벨문학상을 수상한 인도의 시성(詩聖)이다.

"긴 역사와 전통, 대가족 제도를 가지고 효(孝)를 실천하는 조그마한 나라, 동양의 진주인 한국이 세계를 밝히는 등불이 되리라"

한국인에게 타고르는 이 말 때문에 유명해지기도 했다. 전통적으로 가족을 중시하는 인도의 정신적 지도자가 보았을 때도, 한국의 대가족제도와 효 사상은 깊은 감명을 주었던 것 같다.

소설 '25시'를 쓴 독일 작가 콘스탄틴 비르질 게오르규(Constantin Virgil Gheorghiu)는 뭐라고 했던가. 그는 "21세기에 한국의 효(孝) 중심 전통문화가 체계화되지 않으면 인류는 멸망한다."고 예언했다. 우리에게 좀 더 친숙한 세계적인 대역사학자 아놀드 토인비가 우리 가슴을 울렁이게 한 예언도 마저 소개한다. "한국이 장차 인류문명에 크게 기여할 것이 있다면, 그것은 부모를 공경하는 효(孝) 사상일 것이다"

이들은 왜 한국을, 한국의 가족제도와 효 사상을 주목했는가. 주목을 넘어 왜 인류의 희망으로 치켜세웠는가. 독일, 인도, 영국 같은 대국의 정신적 지도자들이 하나같이 입을 모은 데는,

우리가 간과하기 쉬운, 단순하지만 심오한 진리가 깃들어 있다. 이제 우리 스스로 그 답을 찾아나서 보는 것이 우리가 해야 할 일일 것이다.

선부른 결론이지만 21세기 인류멸망을 막는 최후의 보루가 있다면 그것은 효가 아닐까.

식인종에게도 효가 있었다

바보상자라는 불명예를 안게 됐지만, TV가 없는 세상을 상상하면 좀 먹먹해진다. 요즘 TV 앞에서 리모컨을 들면 채널 돌리는데 쓰는 시간이 만만치 않다. 텔레비전이 생겨난 이래 요즘처럼 버라이어티 한 볼거리가 무지막지할 정도로 우리에게 밀어닥친 적은 없는 듯하다.

볼 만한 채널 고르기가 또 다른 스트레스를 줄 정도로 넘쳐나는 채널이지만, 나름 골라보는 재미와 TV가 아니고서는 쉽게 접하지 못할 영상을 보는 재미도 적지 않다. 그 중 하나가 와일드(wild) 콘텐츠다. 사람 발길이 닿지 않던 세상 구석구석을 담아낸 이 영상은 놀라움과 함께 원초적인 공포와 스릴까지 선사한다. 이 콘텐츠는 식인풍습이 있었다고 하는 식인부족들의 후예를 추적하기도 한다. 식인풍습에 대해 '남아메리카, 아프리카, 호주와 뉴질랜드, 기근이 든 중국'등에서의 광범위한 사례들이 연구되고 있다고 한다. 파푸아뉴기니의 포어족, 남태평양의 폴리네시안 군도, 뉴질랜드의 일부 섬 지역에서는 아직도 식인 풍습이 존재한다고 주장하기도 한다.

우리나라 효 교육의 산실인 성산효대학원대학교 박철호 교수는, 그의 대표적인 저서 '효학의 이론과 실천'에서 인류사회에 효윤리체계가 형성되기 시작하는 사례로 몇 가지 설화를 소개한다.

과거 수렵생활 시절, 노인들은 매우 천시받았다. 이동과 방어면에서 위기상황에 대처하기 어려웠을 뿐만 아니라 심지어 생명 보전도 어려웠기 때문이다. 과거 에스키모 노인들은 활동력이 약해지면 스스로 광야로 걸어 나가 자신의 죽음을 택했고, 아메리카 인디언 특정부족의 경우 추장마저도 노쇠하거나 병약해지면 한통의 물과 약간의 식량을 주고 유기하는 관습이 있었다고 한다. 이쯤 되면 우리도 고려 시대에 부모 나이 70이 되면 갖다 버리는 고려장 풍습이 있지 않았냐고 반문할 수 있겠는데, 이는 일제 식민시대의 설화이지 사실이라는 근거는 없다.

이렇게 사냥으로 생존을 이어간 원시시대에는, 이동성이 곧 생산성이기에 나이 든 노인은 부족의 짐이 될 수밖에 없었다. 하지만 원시시대에 있었다고 전해지는 식노속(食老俗) 풍습에서는 놀라운 점을 발견할 수 있다. 식노속이란, 식량결핍이 심각하던 시절 어른에게 괴롭힘을 당한 복수로 병든 노인을 잡아먹는, 이른바 식인풍습을 말한다.

느린 행동 때문에 노인들은 맹수의 습격을 받았을 때 먹이가 되기 쉽다. 그보다는 차라리 누군가 먹어 두는 게 좋다고 본 것인데, 여기서 우리의 관심을 끄는 것은 식노속을 단순히 식량 해결 차원이 아니라 노인의 지혜나 용기, 경험을 함께 물려받는 행위로 여겼다는 점이다. 당시 노인을 '잡아먹는' 행위는 노인이 가진 지혜와 경륜까지도 흡수하는 행위로 간주되었다고 한다. 이후 한곳에서 머물며 생활하는 농경사회로 접어들면서, 노인들이 방치되는 대신에 그들이 가진 경험과 지혜가 절대적인 힘을 발휘하기 시작한다. 그러나 산업사회로 들어서며 속도전 같은 기술발전과 경제패러다임 변화 등에 적응이 느린 노인들은 다시 한 번 생존의 위기를 맞게 된다.

과연 노인은 이 사회에 더는 유용한 존재가 아닌 잉여존재로 남아야 하는 것일까. 그들의 경험과 지혜, 한국경제발전의 주춧돌이 되었던 근면성과 열정 등은 시대의 변화 앞에서 폐기처분 되어야 하는 것일까. 사회와 가족에 대한 헌신은 그만 잊혀도 좋은 것일까. 답은 '아니다'이다. 노인의 아날로그적 지식과 경륜은 디지털 지식과 기술 및 문화의 근간을 이루는 심층적이고 핵심적인 자원이다.

인간은 내부의 정신과 상상력에서 모든 것을 추출해 외부 세계를 창조해 낸다. 그 내부를 이루는 힘은 오랜 세월에 걸쳐 강화되며 조상으로부터 우리에게로 전해져 내려왔다. 가까이는 당대의 노인들로부터 그 힘을 우리는 전수받고 있는 것이다. 그러므로 노인을 방치하거나 외면하는 것은, 가장 귀한 자산을 포기하는 것과 다를 바 없다. 노인은 과거의 유물이 아니라 우리의 미래를 위한 기본자산인 것이다.

그러니 어르신들의 경험과 지혜를 이어받으라. 효는 의무가 아니라 공경에서 시작된다. 그 공경이 우리와 우리 자손들을 번영케 할 것이다.

효를 살릴 방법

어느 날 자식이 뜬금없이 '외국으로 효도관광을 시켜드리겠다며 여권을 달라고 하면, 무조건 잊어버렸다'고 해야 한다는 웃지 못 할 얘기가 있다. 제주도에 어머니를 버리고 왔더니 친절한 경찰아저씨 덕분에 어머니가 먼저 집에 와 계시더라는 미수사례(?) 때문인지, 요즘은 부모님을 버리는 장소로 외국행을 택한다는 얘기도 있다. 이 고급정보를 입수한 어르신들이 여권을 장롱 깊숙이 감추거나 잊어버렸다고 한다는 것이다.

믿기 어려운 사실이지만 우리나라에서 부모 유기 건수가 1년에 800여 건이 된다고 한다. 여권 달라는 자식의 말이 고맙고 기특하게만 들리지는 않는다는 얘기가 이해된다. 영화 '공공의 적'을 보면 증권에 투자해 망한 아들이 재산을 노리고 부모님을 무참하게 살해한다. 이때 칼에 찔린 어머니가 바닥에 떨어진 아들의 손톱조각을 주워 삼키며 죽어가는 장면이 나온다. 이 장면이 그토록 인상적이었기에 많은 관객들이 기억하고 있다.

물론 실화에 불과하겠지만, 고려장 풍습에 따라 아들이 어머니를 지게에 지고 산 속에 버리고 오는데, 정작 어머니는 나뭇가지를 꺾어 땅에 버려둠으로써 아들이 내려가는 길을 잃지 않도록 하였다는 이야기가 있다. 장사익의 노래 '꽃구경'에서는 나뭇가지가 솔잎으로 바뀌어 우리를 울린다. 나뭇가지 설화는 잘못을 깨달은 아들이 어머니를 다시 모셔오는 해피엔딩으로 끝나지만, 영화는 비극적이고도 섬뜩하다. 어머니가 아들을 생각하는 마음은 같지만 자식의 마음은 이리 달라진 것이다. 영화는 그 시대상을 반영한다. 서천에서 있었던 일이다. 아들에게 버려진 후 경찰에 발견돼 노인요양원에 머물게 되었지만 지병인 심부전증으로 며칠 만에 숨진 사례이다. 이 어머니는 경찰조사과정에서나 요양원에서나 아들이름과 소재를 끝까지 밝히지 않았다고 한다.

어머니의 불치병을 고치려면 아들을 삶아드려야 한다는 도인의 말에, 펄펄 끓는 가마솥에 아들을 삶은 후 솥뚜껑을 열어보니 큰 산삼이 있었고 서당에 간 아들은 대문으로 걸어 들어오더라는 얘기나, 고기를 드시고 싶어 하는 어머니께 허벅지 살을 떼어내 구워 드렸다는 얘기는 그야말로 '귀신 씻나락 까먹는 소리' 수준으로 바뀐 지 오래다. 하지만 여전히 많은 사람들이 이러한 이야기에 감동을 받는다. 우리의 영혼 깊은 곳에는, 시대의 변화에도 변치 않고 남아있는 효를 향한 애수가 남아있기 때문일 것이다.

그런데 시대가 무엇이기에 이런 지경까지 자식들의 영혼이 부패해졌을까? 무엇 때문에 효가 이렇게 위기에 처하게 되었을까? 효의 위기에 대한 원인과 상황을 학자들은 이렇게 분석하고 있다.

첫 번째 위기는 문자의 발명이며, 두 번째 위기는 왕권의 중앙집중화, 세 번째 위기는 민주주의 혁명이다. 문자의 발명은 그 이전에 전통적으로 지식의 전래도구로 사용했던 구전지식의 패턴을 졸지에 사라지게 만들었다. 이렇게 되자 입으로 전해 내려오던 지식과 그 지식의 전수자였던 노인과 부모들은 더 이상 권위를 인정받기 어렵게 되었던 것이다. 요즘도 그렇지만, 문자가 기록을 남기기 시작한 그 옛날에도 어르신들의 '말빨'이 더 이상 먹혀들지를 않았던 거라고 할 수 있다. 이렇게 경험으로 가족의 군기를 잡아 온 노인과 부모들의 '끗발'이 효력을 잃자 결국 노인 경시로 이어졌고 효윤리도 약화되기 시작했다.

왕권의 강화는 기존의 씨족이나 부족 성격의 공동체를 공식적 정부 행정 속으로 편입시키면서 분리와 통합을 통해 기존의 가족체제와 성격을 배제시켜나갔다. 세력화된 씨족이나 부족을 왕권 도전세력으로 치부해, 씨족이나 부족이 가지고 있는 공동체의 권위를 더 이상 인정하지 않게 되면서 효윤리 체계는 결정타를 맞게 된다.

근대 민주주의 혁명은 다시 한 번 효윤리체계에 충격을 주는데 부모자식간의 인격적 상호존중관계를 존중한 계몽주의는 전통적 순종형 효윤리체계를 뿌리째 흔들어버리고 만다. 요즘 젊은이들 큰일이라고 혀만 찰 일은 아니다. 모든 결과에는 원인이 있는 법, 진단이 정확해야 올바른 처방이 나오지 않겠는가.

고사 직전의 효를 살리려면 먼저 진단이 정확해야 한다.

효도? 너나 잘 하세요!

효를 이야기 하자면 유교의 시조(始祖)로서 고대 중국 춘추시대의 정치가이자 사상가이며 교육자였던 공자(孔子 BC551~BC479)를 먼저 떠올리게 된다. 자유분방하고 개인주의 성향이 강한 현대인들에게도 공자의 말씀은 때로 아픈 곳을 찌르기도 한다. 효에 대해서 공자는 이렇게 말한다.

> "요즘의 효는 부모를 그저 봉양하는 것을 말한다. 허나 개와 말도 모두 먹여 살리기는 하지 않는가. 공경하지 않으면 짐승과 무엇이 다르겠는가?"

한마디로 부모님을 공경하지 않으면 개, 돼지나 다름없다는 말씀이다. 각종 사전을 찾아보면 효를 '자식이 부모에게 대하는 공경(恭敬)의 마음' '부모에 대한 공경을 바탕으로 한 자녀의 행위'로 표기하고 있는데 이 또한 공자님 말씀을 충실히 옮긴 것임을 알 수 있다. '부모님을 공경하라' 그야말로 공자님 말씀이다. 공자님을 필두로 기라성 같은 제자들께서 2천 년도 훨씬 넘게 가르쳐주셨으니 그걸 누가 모른다 하겠는가. 잘 안되니까 문제지.

이제 눈길을 돌려 공자님만큼이나 잘나가셨던 다른 분들은 뭐라고 말씀하셨는지를 살펴보자. 기원전 한 시대를 풍미했던 인물 중 고대 그리스의 철학자 소크라테스를 빼놓을 수 없다. 공자님과는 '관할권'이 달랐지만 효에 대해서는 공자한테 밀리지 않는다. 소크라테스(BC470~BC399)가 누군가? 공자가 동양철학의 시조라면 서양철학의 시조라고 할 수 있을 것이다. 이 두 분은 동서양 양쪽동네 사람들 사고의 기초적인 틀을 제공했다고 볼 수 있는 레전드급 인물들이다. 두 분의 효에 대한 인식을 비교해보면 그 무게감은 비슷하지만 인식론이나 방법론에서는 차이가 있다. 그 차이에서 오늘날 우리사회 효의 문제와 해답도 도출해 낼 수 있을 것이다.

> "부모를 섬길 줄 모르는 사람과는 벗하지 말라. 인생의 첫발을 잘못 들여 놓은 사람이기 때문이다"

소크라테스가 한 말이다. 공자님과 그레이드(grade)면에서 견줄 만 하다. 굳이 이 말을 모르더라도, 부모님을 섬기지 않는 사람과는 한자리에 앉기조차 꺼려지는 게 우리의 내심이라고 할 수 있을 것이다. 아이러니한 것은 자신은 그러지 못하면서 타인에겐 그걸 요구한다는 것이다. 이는 누군가는, 불효하는 나를 고깝게 보고 있다는 것이기도 하다. 불효하는 내가 부모가 되어 자식의 불효를 한탄하는 모습을 상상해 보라. 어쩜 인류는 소크라테스 이후에도 줄곧 이렇게 한탄해 왔는지 모른다. 하긴 효가, 짝을 찾는 연애심정처럼 열렬하고 만연했다면 굳이 칭송받는 일도 없었을 것이다.

소크라테스는 효의 방법론에 대해 디테일까지 강조하는데, "네 자식들이 너에게 해주기를 바라는 것과 똑같이 네 부모에게 행하라"라고 한다. 이 말은 소크라테스 아니라도 누군가가 했음직한 말인데, 오늘날 평범한 사람들도 흔히쓰는 말이다. 들으면서도 공감이 되고, 말하면서도 이해가 되는지라 달리 이견을 내세우기 힘든 말이다.

'너 자신을 알라'는 초등학생들도 알고 있는 소크라테스의 대표브랜드 명언이다. '나 자신으로 말하자면 부모가 애지중지 떠받들어야 하는 귀한 존재다'라고 생각하는 아이한테 효도하라고 윽박 질러봐야, '내 존재 자체가 이미 효도이니라' 소리나 듣지 않으면 다행일 것이다. 자식을 키우면서도 이 놈이 커서 효도라는 걸 할 건가 하는 의구심을 떨쳐버리기 힘들다. 그런 의

구심을 가지기 전에 자신은 부모님을 어떻게 대하고 있는지 먼저 살펴볼 일이다.

진심으로 대하고 성심껏 모시고 있다면 걱정할 필요가 없다. 굳이 말하지 않아도 자식들은 보고 듣고 배우면서 이미 마음속에 효의 씨앗을 키우고 있다. 콩 심은 데 콩 나기 마련이다. 그래서 '불효하고 있는 네 자신을 알고 너나 먼저 부모한테 잘해라'라고 소크라테스가 말한 건데 이걸 한마디로 줄이면 "효도? 너나 잘해!"이다. 달리 말하면 "너 자신을 알라" 아닌가. 이 같은 소크라테스의 '효도, 너나 잘해' 이론은 수제자인 플라톤에게도 지대한 영향을 미친다.

소크라테스, 플라톤, 아리스토텔레스로 이어지는 고대 아테네 시대 효체계에 대해서는 다시 언급하기로 하겠지만, 플라톤이 강조한 현실적 효는 우리에게 시사하는 바가 크다. 플라톤은 부모가 돌아가셨을 때 응분의 장례를 치러야 마땅하지만 지나친 비용을 들이는 것은 못하게 했다. 스승의 '효도, 너나 잘해' 이론을 플라톤은 '효도, 있을 때 잘해' 이론으로 진화시킨 셈이다. 이것이 얼마나 어려운가 하면, 오늘날 수많은 효자들이 돌아가신 부모님 생각에 회한과 후회로 가슴을 치는 것을 보면 알 수 있다. 그런 모습을 보면, 절로 눈물이 나기도 하지만 오늘도 우리는 부모님께 전화 한 통 하자면 손가락이 천근만근 무거워진다. 부모님이 자식의 전화를 기다리는 것은, 자신의 안부를 물어봐 달라고 하는 게 아닐 것이다. 자식이 잘 있나, 건강한가, 무슨 문제는 없는가 알고 싶은 것이다.

공자도, 소크라테스도, 플라톤도…
그 어떤 현자도 부모님 앞에서 지혜와 학식을 자랑하지 않는다.

단언컨대, 효도란 '나부터' 잘 하는 것.
무엇보다도 부모님 '살아계실 때' 잘 해야 하는 것일게다.

효가 죽어야 효가 산다!

맞수, 재주나 힘 따위가 엇비슷한 상대를 뜻한다. 대한민국 정치사의 획을 그은 두 거인, 양 김(金)에게는 서로가 있었다. 김영삼 전 대통령과 김대중 전 대통령 이야기다. 기업인으로는 현대와 삼성을 빼놓을 수 없겠다. 현대 정주영 회장에게는 삼성 이병철 회장이 있었다. 김유신과 계백, 제갈공명과 사마의, 김연아와 아사다 마오, 그리고 송대관과 태진아도 있다.

공자는 동양에서, 소크라테스는 서양에서 각각 생각과 말로 레전드가 되었는데 이런 막강한 스승님들의 가르침을 받은 제자들이 아니 훌륭할 수는 없다. 동양의 고수 공자님에게 맹자와 순자가 있었듯이 서양의 고수 소크라테스 선생에게는 플라톤과 아리스토텔레스가 있었다. 공자와 소크라테스가 말한 효를 굳이 비교하자면, 현대 그랜저와 기아 K7의 차이 정도라고 할 수 있겠다. 하지만 넘버 투 맞수인 맹자와 플라톤은 같은 효를 말하면서도 사뭇 다른 차이를 보인다.

플라톤은 부모에게 효를 함에 무엇보다 중요한 것은 첫째로, 재산. 즉 물질, 요즘 말로 '쩐'이며, 둘째로는 육체적, 셋째로 정신적으로 힘껏 부모를 섬기는 것이라고 했다. 맹자는 물질적 봉양만을 효도라고 생각하는 제자를 꾸짖는다. 부모의 마음을 잘 살펴 부모가 바라는 것을 해 드리는 것이 바로 부모의 뜻을 봉양하는 것이며 이것이 진정한 효도라고 가르치고 있다.

플라톤과 맹자는 장례의식에 대해서도 분명한 차이를 보여주고 있다. 플라톤은 돌아가신 부모님에 대해 예의를 표하되 지나치게 비용을 들인 성대한 장례는 반대를 했다. 반면 맹자는 점잖게 이렇게 말씀하신다. "부모를 봉양하는 것은 큰일에 해당될 수 없고, 부모를 장례지내고 보내는 것이 큰일에 해당될 수 있다" 플라톤을 현실주의라고 한다면 맹자는 명분주의라고 할 수 있다. 플라톤의 현실주의는 오늘날의 현실에도 부합하는 바가 있다. 헌데 맹자의 이 도도한 명분주의는 무얼 뜻하는 걸까? 큰일이라 함을 다만 비용과 규모의 면이 아니라 지극한 마음과 다함없는 슬픔으로 본다면 과도한 해석일까? 생각해 볼 문제다.

알다시피 우리나라는 중화사상에 영향을 받아온 유교 문화권

이다. 공자님 그늘이 넓게 미치고 있다는 얘기다. 우리의 효가 어려워진 이유를 여기에서도 찾을 수 있다. 조선왕조 5백년을 지배했던 이데올로기는 바로 이 유교주의로, 공자님 서슬이 퍼런 동네에서 부모의 권위는 절대적이다. 많은 가족이 함께 모여 살자면 나름의 질서와 규율이 요구된다. 가족의 질서를 유지하고 가족공동체가 존속되기 위한 윤리체계가 바로 효인 것이다.

왕권국가에서 부모에 대한 효는 왕에 대한 절대적 충성에 다름 아니다. 즉 왕권을 유지하기 위한 이데올로기가 필요했던 것이다. 효가 그 실행파일로 사용되었던 부분도 간과할 수는 없다. 민주주의는 고대 그리스에서 유래되었다고 한다. 고대 그리스어의 민중을 뜻하는 데모스(Demos)와 권력을 의미하는 크라토스(Kratos)의 합성어가 민주주의(Democracy)의 어원이라는 얘기만 봐도 그렇다. 우리가 선택한 민주주의는 원래 우리 것이 아니었다는 뜻이다.

현 시대를 지배하는 이데올로기는 분명 민주주의다. 민주주의 시대에 아직도 우리는 유교주의 시대에 강조했던 권위적이고 일방향적이었던 순종의 효를 강조하고 있다. 결국 효체제의 붕괴는 세상이 말세여서만이 아니라 필연적으로 발생할 수밖에 없는 시대의 산물이었던 것이다. 그렇다면 효의 참뜻을 살리면서 일방적인 순종의 굴레에서 벗어나 민주주의 시대에 걸맞은 효를 실천할 수 있는 방안은 무엇일까? 효가 유교의 독점물이 아닌 이상, 우리는 효를 보다 열린 세계로 내보내야 한다.

그러니 어쩌겠는가.

효(孝)가 죽어야 효(孝)가 산다.

효도법은 '아름답고 착한 법'

몇 년 전 얘기다. 광주 인화학교 장애학생 성폭력 사건을 다룬 영화 '도가니'를 본 이명박 전 대통령은 "이런 유사한 일들이 일어나지 않기 위해서는 법적, 제도적 보완도 필요하지만, 전반적 사회의식 개혁이 더욱 절실하다"고 소감을 피력했다. 맞는 말씀이긴 하지만 과연 제도가 의식을 바꾸는 것일까, 의식이 제도를 바꾸는 것일까라는 초보적인 의문을 가졌었다.

자동차 주행 중 안전벨트를 매지 않고 가다 경찰의 단속에 적발되면 범칙금 3만 원을 내야 한다. 우리나라에서 안전벨트 착용이 의무화된 건 1987년 5월 1일부터라고 한다. 운전석에 앉으면 당연히 안전벨트부터 착용하는 나 자신을 보면서 내가 언제부터 이렇게 모범시민이 되었을까 곰곰이 생각해본다. 사실 나도 처음부터 모범시민은 아니었다. 아마도 그런 법이 없었다면 난 지금도 안전벨트를 귀찮아하고 있지 않을까 싶기도 하다.

2002년 월드컵 서울 개최를 앞두고 정부는 기초질서 확립에 역점을 두기로 한다. 2001년 4월부터 '안전띠 매기' 범국민 캠페인을 시작한다. 자료를 찾아보니 요즘 안전벨트 착용률은 70%에 달한다고 한다. 10년 전 20% 수준과 비교해보면 안전벨트 미착용 범칙금 3만 원이라는 제도의 효과가 매우 컸다고 볼 수 있다. 우리 국민이 정부정책에 원래 우호적이고 협조적이라서 그런 것일까? 내 경우를 솔직히 고백하자면 범칙금 3만 원이 아까워서 이기도 했다. 물론 사고가 났을 경우 안전벨트 미착용시 생명이 어떻게 보호되지 못하는가에 대한 실사례들도 경각심을 줬다.

사람은 제도를 바꿀 수 있으나 제도는 사람을 바꿀 수 없다는 말이 있다. 그러나 범칙금 3만 원의 안전벨트 제도가 국민들에게 안전벨트에 대한 인식을 바꿔 놓은 걸 보면 꼭 그렇지만도 않은 것 같다. 수레가 두 바퀴로 굴러가듯 제도와 의식도 함께 해야한다는 것이 맞는 것 아닐까.

'효도하면 복 받는다.' 우리 모두 그렇게 알고 있지만 그저 그런가 보다 하는 정도의 인식 외에는 없는 것 같다. '효도하면 복 받는다'는 것이 우리 마음속에 있는 인식이라고 한다면 이를 다시 살아나게 할 수 있는 제도는 없을까. 없지는 않다. 안전벨트 제도처럼 효도의무를 법으로 만들어 국민 98%가 부모님께 효

도하게 만들 수 있다면 이거 정말 매력적이지 않은가.

2008년도에 제정된 '효행장려 및 지원에 대한 법률'도 있고, 부모의 은혜를 배신하는 배은행위를 한 자식에게는 줬던 재산을 환수할 수 있게 한 민법개정안, 일명 '불효자 방지법'도 발의된 바 있다. 중국에서는 부모님께 용돈을 안 드리고 정기적으로 찾아뵙지 않으면 감옥으로 보내는 노인권익보장법을 2013년부터 제정 중이다. 윤리적인 덕목인 효를 법으로 강제할 수 있을까 하는 논란은 중국이나 우리나라나 마찬가지다.

'효도하면 복 받는다'는 복스러운 말을 다시 한 번 추스를 수 있다면 효도법은 '아름답고 착한 법'으로 추앙받을 수 있지 않을까.

최고의 복지정책, 효도법

"법대로 합시다!"

흔히 쓰는 말이다. 교통사고가 났을 때 주로 이 문장이 등장한다. 서로 자기 잘못이 아니라고 우길 때도 이 말은 어느 쪽이든 쓰게된다. 매우 억울한 일을 당해도 우리는 "제발 법대로만 해주세요" 소리를 하게 된다. 관공서에서 이런저런 사정을 얘기해 봐도 고지식한 담당자는 대개 이렇게 얘기한다. "저는 법대로만 처리하는 겁니다."

과연 '법대로'는 무슨 의미일까. 사람들은 어떤 경우에 이 말을 많이 할까하는 의문이 들어 검색창에 '법대로 합시다'를 쳐본다. 블로그, 게시판, 카페에 압도적으로 등장하는 이야기는 이런 류다.

중국에서는 불효자를 법대로 처리하기 시작했다. 2013년 7월 1일 발효된 중국의 효도법, 공식명칭은 노인권익보장법이다. 이 법의 주요내용은 60세가 넘은 부모에 대해서는 자식이 정신적·재정적 지원을 해야 한다는 것이다. 이 법에 따르면 부모와 떨어져 사는 자식들은 '정기적'으로 부모를 방문해야 한다. 만약 그렇지 못할 경우에는 매달 부모에게 용돈을 드려야 한다. 부모 봉양을 피하기 위해 유산 상속권을 포기하는 것도 금지됐다. 이 법에는 직장 때문에 부모와 멀리 떨어져 사는 직원에게는 고용주들이 20일 유급 휴가를 줘야 한다는 내용도 담겨있다. 이 법을 어기면 벌금형이나 감옥형이 내려지는데 이미 판례까지 나왔다. 이 법이 발효되자 중국 사람들이 난리가 났다고 한다. 부모님 용돈은 얼마를 드려야 하고 일 년에 몇 번을 찾아뵈어야 감옥행을 피할 수 있을까, 고민이 시작된 것이다.

그도 그럴 것이 중국 땅이 좀 너른 땅인가. 부모님 계신 시골에 한번 다녀온다는 것이 우리와는 차원이 다르다. 기본이 1박 2일이라고 한다. 그럼에도 불구하고 중국이 효도를 제도적으로 강제하려는 법을 시행하는 이유는 무엇일까. 유교정신이 퇴

색해가면서 벌어지는 효심 약화를 바로잡기 위한 방편이라는 해석도 있다. 하지만 속내는 고령화로 인한 중국사회의 문제가 심각하기 때문이라는 얘기가 설득력 있게 들린다. 중국도 청년층이 부양해야 하는 노인 인구가 해마다 늘고 있는 것은 예외가 아니다.

중국노인연구센터는 60세 이상 노인 인구가 지난해 1억 9,400만 명을 기록했으며, 16년 말까지는 2억 200만 명으로 늘어날 것으로 전망했다. 전체 인구의 14.8%에 달하는 숫자다. 2050년에는 노인이 전체 인구의 3분의 1에 달할 것으로 예상했다. 이렇게 중국이 도덕적 가치인 효를 법으로 강요하기 시작하는 것은 노인부양에 대한 국가의 부담을 미리 대비해보자는 포석이 있는 것이라고 할 수 있다. 결국 중국정부의 강력한 효도법 시행은 경제적 영역과 정신적 영역의 복지를 함께 해결해 나갈 수 있는 그야말로 '도랑도 치고 가재도 잡는' 양수겸장의 노림수임을 알 수 있다.

그러고 보니, 이렇듯 '강력한 효도법'이야말로 '최고의 복지정책'이 될 수 있지 않을까 그런 생각이 든다.

효도는 인생의 베이스캠프

중국의 춘절은 우리나라 음력 설날에 해당하는 날이다. 중국 최대의 명절이자 연휴인 춘절기간에 고향을 찾아 이동하는 숫자만도 15억이 넘는다고 한다. 역시 중국은 대국인지라 귀성객의 숫자도 우리와는 차원이 다르다. 하긴 인도를 빼고는 그 어떤 나라가 인구로서 중국과 대적할 수 있겠는가.

그런데 중국 정부가 춘절 전날을 연휴에서 제외시켜 중국인들의 불만이 이만저만이 아니라는 소식이다. 중국도 우리와 마찬가지로 귀성 열차표를 구하기가 전쟁수준인데, 관례로 내려오던 춘절전날 연휴를 갑자기 없애버리니, 짧은 시간에 고향을 가기도, 더불어 표를 구하기도 더 힘들어졌다는 것이다.

사정이 이렇다보니 고향 가는 것을 포기하는 사람들이 늘어나고 있는데 "부모님, 제가 설 전날에 집에 가지 못하더라도 저를 고소하지 마세요."라는 한 누리꾼의 글이 SNS 상에서 화제가 되었다고 한다. 이 누리꾼이 부모님으로부터 고소당할까봐 걱정하게 만든 법이 다름 아닌 효도법이다. 중국이 2013년 7월 '자식들이 부모를 오랫동안 찾아뵙지 않으면 위법 행위로 간주한다.'는 엄포와 함께 시행한 '효도법'이 바야흐로 그 위력을 발휘하고 있기 때문이다. 아마 중국인들도 이 법이 시행될 때만 해도 '효도 잘해라'라는 공자님 말씀을 정부에서 한 번 더 해본 것 쯤으로 인식했을 법 하다.

법이 발효된 직후 중국 장쑤(江蘇)성에서 77세 여성이 딸을 상대로 한 소송에서 이긴 판례가 나왔을 때 시범사례겠거니 했던 중국인들은 유사한 판결이 속출하자 '이거 장난이 아니네'로 생각이 바뀌기 시작했다. 베이징 구에 사는 81세 인카이시 할아버지는 은퇴한 이후 19년간 양로비를 주지 않았던 두 딸을 상대로 '매주 한 번씩 찾아오고 생활비와 의료비를 달라'는 내용의 소송을 제기했다. 두 딸은, 돈은 보낼 수 있지만 거주지가 먼 데다 자녀를 돌봐야하기 때문에 매주 방문하는 것은 어렵다는 뜻을 법정에서 밝혔고, 결국 법원은 "두 딸은 한 달에 한 번은 아버지를 찾아뵙고 매달 1000위안(약16만원)의 생활비를 보내라"라고 판결을 내렸다고 한다.

이쯤 되면 '장난'이 아닐 법하다. 원래 중국은 한다면 하는 나라 아닌가. 아직도 발굴 중이라는 상상초월의 규모를 자랑하는 진시황릉이 그렇고 세계 7대 불가사의 중 하나로 꼽히는 만리장성이 그렇다. 우리 같으면 민원과 보상 문제 등으로 난리법석 시간이 걸릴 신도시 건설문제도 중국은 하룻밤 사이에 밀어붙이고 고층빌딩을 세운다고 하지 않는가. "당이 효도하라면 잔말 말고 효도해라, 안하면 재미없다"라며 효도법을 강력하게 시행하고 있는 공자나라 중국 땅에 어떻게 효가 살아나는지 눈여겨 볼일이다.

베이징, 광동성, 장쑤성 등에서 실시되었던 노인권익보호법에 이어 2016년 상하이 시에서는 노인권익보장조례를 내놓았다. 이 조례는, 요양원에 입주하는 노인들이 늘어남에 따라 구체적인 효도방안을 촉구하는 데 의미가 있다. 요양시설에 계신 연로하신 부모님을 장기간 방치할 경우 신용등급을 내리고 부모가 자식을 고소할 수 있으며 주택 구매에도 불이익을 주겠다고 구체적으로 명시하고 있다. 양로원이나 요양원측에서는, 장기간 부모를 방기하는 자식들에게는 연락을 해야 한다는 것까지 의무화 해놓았다.

우리도 요양원에 입소하는 부모님이 한 집 건너 있는 상황이어서 상하이 조례가 각별하게 느껴진다. 실제로 요양원에 계시는 부모님들은 자식들이 얼마나 자주 오느냐에 따라 침울해

지거나 어깨까지 으쓱해 하신다고 하니, 그 얼마나 가슴 저릿한 이야기인가. 율곡 이이(栗谷 李珥)는 '부모님의 뜻이 의에 크게 저해되지 않는다면 반드시 들어주어야 한다'고 했다. 우리는 요양원으로 부모님 뵈러 가는 것이 설마 의에 저해된다고 생각하는 것일까.

중국 최고의 MBA 스쿨인 장강상학원(長江商學院)의 샹빙(項兵) 원장의 말도 우리에게 많은 것을 생각케 한다. 샹 원장은 21세기에는 이 사회가 서양의 개인주의 중심의 사회에서 공동체를 중시하는 유교 중심 사회로 변화할 것이라고 전망했다. 또한 "유교는 공존의 가치를 중시하기 때문에 다양성을 존중해준다"며 "중국에 깃든 유교정신이 중국을 세계 1위 국가로 발전시킬 것"이라고 확신하고 있다.

중국이 유교정신으로 지구촌을 리드하겠다고 공언하고 있는데, 전국 방방곡곡의 향교에 공자님 위패를 모시고 있고 봄가을로 제사까지 극진하게 지내고 있는 우리는 어떤가. 우리의 효정신과 문화는 예로부터 중국 이상이었으면 이상이었지 못지않았다. 몽고에 아내와 자식이 끌려간 고려 상인이 있었다. 인삼을 판 돈을 인질비로 내놓고 그가 제일 먼저 요구한 것이 아내도 자식도 아닌 부모님의 위패였다는 일화가 있다. 지금 들으면 황당하고 비현실적인 이야기 같지만, 우리의 조상이 부모님을 어떻게 생각했냐는 것을 짐작할 수 있다.

공자님은 분명히 말씀하셨다. '효는 모든 행동의 근본(孝者百行之本)'이라고. 효도가 곧 인생의 베이스캠프라는 뜻일 터다.

우리 모두가 효자 되는 해

새해가 밝았다. 어제 떠올랐던 해는 오늘의 해와 다를 바 없다. 그래도 새해 첫날 떠오르는 해는 왠지 다르다. 3대가 덕을 쌓아야 일출을 볼 수 있다는 지리산 천황봉은 물론, 전국의 크고 작은 산꼭대기에 해맞이 등산객이 그야말로 문전성시를 이룬다.

어디 산뿐인가. 한국의 나폴리라고 불리는 통영에는 60만이 몰렸고 부산 해운대에는 30만 명, 그 유명한 정동진을 비롯해 강원도 일출명소에는 50만 명이 다녀갔다고 한다. 뭐가 어떻게 다른지 증명할 길은 없지만, 이 정도면 새해 첫날 떠오르는 해가 1월 2일 아침 해와 다른 건 분명하다. 떠오르는 해를 보면서 건강, 사업, 취업, 진학 등등 저마다 한두 가지 소원을 빌어보고 또 다짐을 해보게 된다. 새해 첫날 힘차게 떠오르는 해를 보며 소원을 빌고 다짐을 한다고 해서 그 소원과 다짐이 이뤄지고 지켜진다는 보장은 없지만, 태양의 나이가 50억 살쯤 된다

하니 그 내공을 믿고 한번쯤 빌어 봐도 괜찮을 듯하다. 해는 하늘에 있지만 각자의 마음속에서 다시 타올라 삶에 에너지를 부여하지 않겠는가.

명색이 효 칼럼을 쓰는 사람이라 혹시 전국 각지 수백만 일출 인파 중에서 떠오르는 해를 바라보며 "새해에는 꼭 효도해야지"라고 다짐한 사람은 몇 명이나 될까 라는 뜬금없는 생각을 해본다. 하긴 자신이 건강한 것도 부모님께 효도하는 것이요, 사업 잘되고 공부 잘하고 성공해서 "누구 아들 서울에서 잘나간다" 소리를 듣는다면 이만한 효도가 또 어디 있겠는가. 누구라고 이런 식의 효도 안하고 싶은 사람 있겠는가마는 시간이 얼마나 걸릴지도 모르고 몸 고생 마음 고생도 따르는 효도라 쉽지는 않다.

새해에는 꼭 효도하고 싶은데 입신양명(立身揚名)은 시간이 걸리는 일이라 부모님께 늘 송구해 하는 분들에게 효도 팁(Tip) 한 가지를 알려드리고 싶다. 지금 소개하는 효도는 작심삼일을 걱정할 일도 돈이 드는 일도 아니니 자신있게 소개할 수 있다.

요즘 효도법으로 15억 국민을 긴장하게 하고 있는 중국에는 '24효'라는 것이 있다. 원나라 때 곽거경(郭居敬)이라는 사람이 편찬한 책으로, 중국 고대의 대표적 효자 24인의 사례를 수록

한 아동교훈서이다. 24효 중에는 부모님의 조각상을 만들어 마치 살아계시는 듯 모신다는 각목사친(刻木事親)이 있다. 한나라 사람 정란(丁蘭)은 어린 시절에 부모님이 돌아가셨다. 이에 부모님을 봉양하지 못한 걸 안타깝게 생각해, 자신을 낳고 길러주신 은혜에 보답하기 위해 나무를 깎아 부모님 조각상을 만들어 가슴에 품고 다니며 부모님을 그리워했다는 내용이다. 부모님이 생존해 계시든, 돌아가셨든, 늘 생각하고 그리워하는 것만으로도 큰 효도라는 것이다.

기껏 알려준다는 효도방법이 새해벽두부터 나무에 부모님 얼굴을 새겨 품고 다니라는 거냐라고 따져 묻는다면 할 말은 없다. 그건 호랑이 담배 피우던 시절 얘기일 뿐이다. 그 시절 부모님 나무 조각상의 21C 버전은 바로 사진이다.

이 글을 읽는 독자 분들 중, 지갑에 부모님 사진을 넣고 다니는 분이 계시다면 그분이야말로 효자 중의 효자가 아닐까 싶다. 무술년 새해에는 부모님 사진 한 장쯤 지갑에 품고 다니자. 아니다. 스마트폰 3천만대 시대에 사진은 좀 촌스러울 수 있다. 지금 손에 쥐고 있는 갤럭시 어쩌고, 애플 저쩌고 하는 스마트폰 배경화면에 온 가족이 함께 찍은 사진을 올려보자. 그 순간 여러분은 각목사친의 효를 몸소 실천하고 있는 효자로 인증 받을 수 있다. 꼭 가족의 사진이 아니면 어떠랴. 사랑하는 어머니, 아버지의 사진 한 장쯤 집안 한 구석에 있지 않겠는가. 생각이 곧 마음이다. 마음이 곧 효자 아니겠는가.

며칠 뒤면 가족이 한자리에 모이는 설날이다. 그때 스마트폰으로 찍으면 된다. 이게 바로 누워서 효자 되고, 땅 짚고 효자 되는 방법 아니겠는가. 스마트폰에서 자식 사진과 며느리나 사위, 손주 사진을 클릭해 자랑하듯 보여주는 어르신들은 주위에서 자주 볼 수 있다. 그런데 부모님 사진을 사람들에게 보여주는 자식은 별로 보지 못했다. 그런 일이 거의 없다 보니 부모님 사진을 보여주면 그 사람을 달리 보게 되기도 한다. 부모에게 효도하는 자식, 적어도 효도하고자 하는 마음을 품고 있다는 걸로 보여, 이런 사람이라면 최소한 나쁜 사람은 아니겠구나 하는 생각이 들게 할 것이다.

돌아가시고 안 계신다 하더라도 부모님 사진을 보고 있으면 무언의 말을 건네 온다. 세상에서 가장 사심이 없는 말, 오직 자식의 건강과 앞날을 염려하고 행복하게 살기를 바라는 부모님을 보고 있자면 가슴에 따뜻함이 차오를 것이다. 부모님은 돌아가신 후에도 우리를 지키신다. 우리는 부모님이 살아계셔도 잘 못 모신다.

무술년 새해에는 우리 모두 효자, 효녀가 되는 한 해가 되었으면 좋겠다.

나부터 잘 해야겠다.

효는 인성의 핵심콘텐츠

'귀신 씻나락 까먹는 소리'라는 속담이 있다. 이치에 닿지 않는 엉뚱하고 쓸데없는 말을 뜻한다. 혹시 귀신 씻나락 까먹는 소리를 들어본 적이 있는가. 물론 있을 리가 없다. 겨우내 애지중지 보관했다가 논에 뿌린 볍씨(씻나락은 볍씨의 방언이다)가 싹을 제대로 틔우지 않으면 귀신이 씻나락을 까먹어서 그렇다는 농민들의 푸념성 해학이 담긴 속담일 듯하다.

연말에 모 고등학교 1학년을 대상으로 효 강의를 할 기회가 있었다. 기말시험을 치른 학생들에게 인성교육을 하고자 하는 학교 측에서 요청을 해왔다. 두 개 반을 한 시간씩 맡아 현대적 의미의 효라는 주제로 강의를 하게 되었다. 명색이 효를 공부하는 사람인지라 청소년들에게 요즘 시대에 맞는 효도방법을 알려줄 수 있는 기회가 되겠구나 했으나, 그게 얼마나 천진난만 순진무구한 생각인지 깨닫기까지는 그리 오래 걸리지 않았다. 교실에 들어서서 인사를 나누고 효 얘기 좀 하려고 한다고 말하는 순간부터 낯선 사람에게 보내던 호기심을 곧바로 회수하고 취침모드로 전환하기 시작했다.

태연하게 노련한 강사처럼 준비해간 동영상으로 시간을 채우기는 했지만, 솔직히 고백하건대 엄마 품인 양 책상에 얼굴을 박고 있는 저 학생들에게는 입을 열심히 놀리고 있는 내 얘기가 정말 귀신 씻나락 까먹는 소리로 들리겠구나 하는 생각이 온몸을 휘감고 돌아 머릿속을 하얗게 만들었을 만큼 당황스러웠다.

충남학생회관에서 있었던 천안 대한유치원 예술제에서는 흥미로운 장면이 연출됐다. 일 년 동안 유치원에서 배운 것을 발표하는 이 행사의 마지막 순서는 모든 유치원생들이 무대로 나와 합창을 하는 거였다. 귀엽기 그지없는 꿈나무들이 부르는 노래 제목이 '됨됨이 송(song)' 이었다. 가사를 소개한다.

> "스마트폰 화면에 우리가족 모였지, 아빠엄마 보고파 스마트폰 열었지, 엄마아빠 사랑해요, 우리가족 사랑사랑사랑해, / 아빠엄마 됨됨이 엄마아빠 멋쟁이, 누나오빠 됨됨이 우리가족 최고야, 우리 모두 됨됨이로, 효도사랑 사랑사랑할래요, / 됨됨이가 좋으면 우리가족 사랑해, 됨됨이가 되면은 우리 모두 행복해."

이 '됨됨이 송'은 인성교육범국민실천연합 충남지회에서 전개하고 있는 '스마트폰 배경화면 가족사진 이용하기' 운동의 테마송이다. 무슨 유치원생들이 벌써 스마트폰이냐라고 하는 분들도 없지 않을 듯해서 육아정책연구소에서 서울·경기지역의 만 5세 이하 영유아의 부모 천 명을 대상으로 한 설문조사를 말씀드린다. 영유아들이 스마트폰을 처음 접하는 나이는 평균 2.27세다. 조사되지 않은 실태는 더 빠르다고 한다.

세 살 버릇 여든까지 간다는 속담도 있다. 사람의 인성 역시 5세 전에 결정된다는 말도 있지 않은가. 어릴 적부터 스마트폰을 사용할 때마다 할아버지 할머니와 엄마아빠, 그리고 언니 누나 동생과 함께 찍은 사진을 보고 자란 아이가 그렇지 않은 아이보다 바른 품성, 좋은 인성을 갖게 되는 게 당연하지 않을까? 이날 됨됨이 송을 부르며 효도 사랑하겠다는 노래를 부르는 아들딸을 바라본 엄마아빠들은 자신의 스마트폰 배경에 서둘러 가족사진을 올릴 것이다. 자식 이기는 부모는 별로 없기 때문이다.

나라의 미래를 위해 할 일이 많은 중고생들에게 효도해라 마라 하지 말자. 일단 내 손에 들려있는 스마트폰에 가족사진부터 올려보자. 그리고 엄마아빠 '말빨'이 먹히는 유치원생이나 초등학생 자녀들에게 적극 권유해보자. 수시로 가족사진을 클릭해 흐뭇하게 웃고 계시는 부모님을 보는 아이들은, 누가 가르쳐주지 않아도 가족의 소중함을 마음에 새길 것이다. 사진은 스마트폰에 저장되어 있지만, 그 잔상은 마음에 담겨 평생을 간다.

인성이 실력인 시대이다. 이미 일부 기업에서는 '스펙'이 아닌 '인성'으로 인재를 채용하고 있지 않은가. 인성이 실력으로 대우받는 까닭이 뭘까? 조직 내에서나 거래처와의 관계에서나, 협조정신이나 신의나 성실함은 기장 기본적인 것인데, 이조차 미흡한 청년들이 많아졌다는 것이다. 해서 업무지식과 영업력, 창의성 외에도 인성을 다시 보기 시작했다. 기업으로서도, 국민에게 사랑받는 건강한 체질로 거듭 나기 위해서라도 인성을 제대로 갖춘 직원들을 선호할 수밖에 없다.

이제 인성이 실력이다.
인성의 핵심콘텐츠는 바로 '효'다.

자랑스러운 아버지

영화나 소설을 보고나면 기억에 남는 장면이 있다. 이른바 명장면 명대사다. 영화 타이타닉을 본 관객이라면 뱃머리에서 레오나르도 디카프리오가 두 팔을 활짝 벌린 케이트 윈슬렛을 '백허그'하는 장면을 기억할 것이다. 이 장면은 TV 예능에서 단골 패러디 메뉴로 등장할 정도로 사람들 머릿속에 강렬하게 자리 잡았다.

홍길동전에는 이 장면이 백미다. "소인이 대감의 정기를 타 당당한 남자로 태어났으니 이만 즐거운 일이 없사오나, 평생 서럽기는 아비를 아비라 부르지 못하옵고 형을 형이라 못하여 상하노복이 다 천히 보고, 친척 친구들도 손으로 가리켜 아무의 천생이라 이르오니, 이런 원통한 일이 어디에 있사오리까?"

길동이 서출인 자신의 처지를 아버지에게 통곡하며 고하는 이 장면에서는 아버지를 아버지로 부르지 못하는 자식의 애통함이 절절하게 묻어난다. 길동의 서러움과 차원은 다르지만 지금을 살아가는 우리는 아버지를 아버지라고 부르고 있을까? 일본인 기업가의 신입사원 채용방식이 귀에 들어왔다.

이 회사에서는 필기서류 전형을 거친 합격자들을 대상으로 한 마지막 면접과정에서 아버지 자랑을 해보라고 꼭 한다는 것이다. 성적이 아무리 뛰어난 응시자라도 아버지 자랑을 제대로 하지 못하면 불합격시킨다고 한다. 많은 학교에서 인성교육프로그램으로 부모님 자랑하기를 하고 있기는 하지만, 회사에서 아버지 자랑을 가장 비중 있는 채용자격으로 삼고 있다는 것은 흥미롭고도 신선한 일이다. 아버지라고 부를 수만 있어도 감지덕지 했을 홍길동과 마음 놓고 아버지라고 부를 수 있는 나 자신을 비교해보며, 입속으로 잠시 아버지 자랑을 중얼거려봤지만 그 일본 회사 입사시험 기준으로 본다면 불합격 수준에 그치고 말았다.

임길택 시인의 '아버지 자랑' 이라는 시(詩)는 재미있는 한편 가슴이 먹먹해진다.

"새로 오신 선생님께서 / 아버지 자랑을 해보자 하셨다 / 우리들은 / 아버지 자랑이 무엇일까 하고 / 오늘에야 생각해보면서 / 그러나 / 탄 캐는 일이 자랑 같아 보이지는 않고 / 누가 먼저 나서나 / 몰래 친구들 눈치만 살폈다 / 그때 / 영호가 손을 들고 일어났다 / 술 잡수신 다음날 / 일 안 가려 떼쓰시다 / 어머니께 혼나는 일입니다 / 교실 안은 갑자기 / 웃음소리로 넘쳐흘렀다."

미국 링컨 대통령의 아버지 자랑은 우리에게도 잘 알려져 있는 명연설 중의 하나이다. 아버지가 신발제조공이었다는 사실을 조롱하는 의원들 앞에서 단호한 목소리로 말했다.

"의원님 덕분에 한동안 잊고 있던 내 아버지의 모습이 생각났습니다. 내 아버지는 신발 제조공으로 완벽한 솜씨를 가진 분이셨습니다. 여기 이 자리에 계신 분들 중엔 내 아버지가 만드신 신발을 신고 계신 분들도 있을 겁니다. 만약 그 신발이 불편하시다면 제게 말씀해 주십시오. 저는 아버지의 노련한 기술을 옆에서 보고 배웠기에 조금은 손봐 드릴 수 있습니다. 물론 그 솜씨는 돌아가신 아버지와는 비교할 수 없을 것입니다."

링컨이 미국인이 가장 존경하는 대통령 설문조사에서 항상 선두를 차지하는 이유가 납득이 갈만하다. 링컨은 어릴 적에 병으로 돌아가신 생모인 낸시에게서 하느님의 믿음을, 계모인 사라에게선 사랑이라는 자양분을 받으며 자랐다. 링컨의 계모 사라의 사랑이 평범한 인물에 그칠 수도 있었을 링컨을 미국에서 예수 다음으로 존경받는 지도자로 만들었다는 얘기는 과장이 아닐 수도 있다. 오늘날 재혼이 빈번한 사회에서 계모와 전처 자식들 간의 갈등, 계부와 전남편 자식들 간의 갈등도 그만큼 자주 불거지고 있다. 낳아 준 은혜도 소중하지만 참되게 길러 준 계모의 사랑도 그 못지않다는 것을 새삼 깨닫게 한다. 이런 두 어머니를 선택한 링컨 아버지의 안목도 높이 살 만 하다.

이탈리아 심리학자인 루이지조야는 아버지들이 겪는 어려움을 이렇게 표현한다.

> "가족 안에서 아버지는 윤리적인 올바름의 신봉자여야 한다. 하지만 사회에서는 무엇보다도 먼저 권력의 법칙을 따라야 하고 다윈의 진화법칙에 적합한 사람이 되어야 한다. 아버지들은 이러한 도덕과 현실의 괴리 때문에 발생하는 모순된 상황 속에서 위태로움을 경험한다."

이는 오늘날의 한국사회에 바로 적용되는 말이다. 집안에서 별 친밀감도 없이 입바른 소리나 하는 고지식한 아버지가 집밖에서 어떻게 해서 돈을 버는지. 벌어서 집에 가져 오려 애쓰는지 눈에 보이는 듯하다. 이런 아버지가 퇴직하거나 은퇴하여 가정에서 주로 소일하게 되었을 때 가족이 어떻게 대우하고 보듬을 건지가 집집마다 큰 과제가 되고 있다.

결론부터 말해보자.

아버지를 자랑스럽게 여기는 당신이야말로 참 효자이다

재산상속, 효자가 더 받는다

5대 1, 축구경기 스코어가 아니다. 배우자를 먼저 떠나보낸 사람들의 노후를 보장하자는 취지로 추진되고 있는 상속법 개정 얘기다. 현행 상속법은 부인과 자녀 두 명을 둔 남편이 숨질 경우 부인이 1.5, 두 자녀가 각각 1의 비율로 상속지분을 갖게 된다. 이를 개정해 남은 배우자가 우선 유산의 절반을 상속받고 그 나머지로 현행 상속지분율 비율대로 나누자는 것이다. 많은 어르신들에게는 듣던 중 반가운 소리가 아닐 수 없다.

그런데 일본은 이미 상속의 절반을 배우자에게 주고 나머지를 자식 수대로 나누도록 현행법이 되어 있다. 더 나아가 혼인기간 20년 이상 된 부부 중 한쪽이 사망할 경우 유산상속 시 사전에 배우자에게 증여되거나 유언으로 증여의사를 밝힌 주택은 분할대상애서 제외하는 것을 주 내용으로 상속개정법이 추진 중이다. 평균수명은 길어져 가는데 남은 배우자의 생계를 걱정하는 마음이 법에 담겨 있는 것이다. 이는 곧 자식들이 홀로 남은 부모를 알아서 잘 못 모시는 추세라는 것을 인정하고 있다는 것이다.

부모의 소득이 낮을수록 자녀들의 발길이 줄어든다고 한다. 노인 중 88.5%는, 재산이 있어야 자녀에게 대접받고, 돈이 있어야 자식들에게 효도를 받는다고 생각한다는 조사결과도 있다. 남은 배우자의 상속지분을 법으로 늘리려는 움직임은 아직 통과되지 못했지만 시도는 자주 되고 있다. 원래 법은 상식의 최소한이라고 한다. 돈 있어야 효도 받는다는 것이 우리 사회의 서글픈 상식이 되었음을 모두가 인정하는 추세이다. 1960년, 호주를 승계한 아들에게 유산의 절반을 우선 주도록 법이 만들어진 뒤, 79년, 91년 두 번의 개정으로 유산 배분 비중이 바뀌어 왔고, 이제 홀로 된 배우자를 더 배려하는 법으로 개정될 전망이다. 돈 있어야 효도도 받을 수 있다는 최소한의 상식이 법에 담기기까지 반 백 년도 더 걸리는 셈이다.

50여 년 전에는 재산에 상관없이 온 국민이 효도를 했었나 다소 의문이 들기는 한다. 그 당시 여론조사라는 걸 했으면 노인 중 88.5%가 돈 없어도 우리 애들은 효도한다고 응답했을까? 어찌됐건 법무부에선 상속개정법을 계속 추진해 주기 바란다. 상식을 외면한 법은 너무 슬픈 법이기 때문이다.

졸지에 남편 보낸 것도 원통한데 돈마저 없어 자식들에게까지 외면당해 함분축원(含憤蓄怨 : 분하고 원통한 마음을 품음)한 상황을 모면할 안전장치는 마련될 것 같아 상속법 개정안 추진에 국민의 한사람으로서 찬성표를 던진다. '아들딸 구분 말고 둘만 낳아 잘 기르자'라는 80년대 산아제한 구호가 있었다. 법에 나와 있는 자녀들에 대한 상속원칙이 그렇다. '아들딸 구분 말고 1씩 줘서 불평하는 입 잘 막자'는 거다. 남녀평등도 좋고 형제들끼리 볼썽사납게 재산싸움 하지 말라는 취지도 좋지만 여기서 잠깐 딴지를 걸어보자.

효도한 자식이나 불효한 자식이나 똑같이 재산을 나눠 갖는다고 생각하면 그야말로 죽은 부모 섭섭하고 이웃사람 열 받는다. 법의 힘을 빌리지 않고도 공평하게 자식들이 허튼 소리 안 하게 유산을 나눠줄 수 있는 방법은 다름 아닌 유언장이다. 요즘은 멀쩡하게 젊은 사람들에게도 유언장을 한 번 써 보라고 권하는 세상이지만, 살아있을 때 효도한 자식에게 더 주진 못할망정 불효막심했던 자식이 똑같이 재산을 가져가는 것을 미연에 막기 위해서는 유언장이 꼭 필요하다.

공동상속인 중에 상당한 기간 동거·간호 그 밖의 방법으로 피상속인을 특별히 부양하거나 피상속인의 재산의 유지 또는 증가에 특별히 기여한 자가 있을 때 이를 구체적 상속분의 산정에 고려하는 '기여분 제도'라는 것도 있다.

예를 들어 여러 형제 중 막내가 부모님을 돌아가실 때까지 모시고 살았다면 막내의 상속분이 많아지게 되는 것이다. 양아들이라도 부모님을 부양했다면 친아들보다 유산 50%를 더 가져갈 수 있게 한 것은 이 '기여분 제도'를 근거로 한다. 이렇게 법에서도 부모를 부양하는 효자를 인정하고 있고 실제로 유산소송에서 불효자가 패소해 재산을 전혀 물려받지 못한 판례도 있다.

부모님 살아생전 어디 가 있었는지도 모르는 자식이 부모님 돌아가시자 상속분 찾으러 나타나는 사례는 드물지 않다. 이들에게 한 마디 하고 싶다. '불효자식도 자식이라고, 부모님은 돌아가실 때가지 그대 걱정을 하셨다.' 그런 애기를 해봤자 '걱정은 걱정, 유산은 유산'하고 나설 자식들이 더 많을 것 같긴 하다.

'부모를 공경하면 네가 잘되고 땅에서 장수하리라'는 예수님 말씀을 빌리지 않더라도 효도하면 복 받는다는 것은 인류역사상 상식 중 가장 원초적인 상식이다. 그 이전에 효도는 사람이 지켜야할 도리의 최소한이다. 그 최소한이 왜 이리 어려운가.

기억해 두자, 효도하면 오래 살고 재산 많이 받는다.

대한민국 미래자본, 효도

네이버 캐스트의 ‘우리 시대의 멘토’에서 진행된 이어령 교수와의 인터뷰는 ‘이 시대 지성을 대표하는 석학, 이어령, 그는 한마디로 놀라운 창조자이다’로 시작한다. 공감되는 말이다. 공감한다고 해서 이어령 교수의 철학을 이해할 만큼 배움이 깊고 넓다는 뜻은 아니다. 우리에게 항상 시대를 앞서가는 키워드를 던져주며 미래비전을 제시해준 인물로 단순히 ‘like’가 아닌 존경, ‘respect’의 뜻이 담긴 공감이다.

감성을 자극하는 클래식한 디자인에 IT 첨단기능을 장착하는 것이 최근 전자제품의 트렌드이다. 이렇게 디지털(digital) 기반과 아날로그(analog) 정서가 융합하는 첨단기술을 의미하는 디지로그(Digilog) 시대는 이어령 교수가 한참 전에 내놓은 개념이다. 과거, 현재, 미래를 관통하는 그의 ‘키워드’가 어디 한둘인가.

이어령 교수가 다시 오늘을 살아가는 우리에게 던지는 화두는 '생명'이다. '생명은 자본이다'라는 책에서 그는 이렇게 말하고 있다. "산업자본주의, 금융자본주의 시대는 끝났다. 이제는 인간과 사랑에 바탕을 둔 생명자본주의의 시대가 도래할 것이다"

'생명자본주의' 리먼 쇼크'가 전 세계에 '금융 쓰나미'를 일으킨 2008년 이후 이어령이 만들어낸 개념이다. 그는 이미 병들대로 병들어 혼자서는 일어설 수 없게 된 자본주의 문명을 다시 복원하기 위한 마지막 키워드로 '생명'과 '사랑'을 강조한다. 다시 말해, 돈과 물질의 자본주의를 생명과 사랑의 자본주의로 바로잡자는 것이다.

달리 말하면 '생명과 사랑의 자본주의'는 곧 '인간의 얼굴을 한 자본주의'라고도 할 수 있을 것이다. 자본주의가, 자본이 자본을 낳는 그 냉혹한 구조 속에 인간의 생명과 사랑 대신 탐욕과 물질숭배를 배치시켰을 때, 그 폐해는 부의 심각한 편차이다. 이런 불공정한 현상을 완화하기 위해서 국가는 사회복지를 확대한다. 그러나 국민세금이 투여되는 복지정책은, 정신이라는 관을 통과하지 못하면 선순환구조로 이어지지 못한다. 이 정신의 핵심에 효를 두는 것은 당위만이 아니라 실제적인 방안이기도 하다.

이제 이어령 교수의 키워드를 효 버전으로 바꿔보자. 효를 학문영역으로 정립했다는 평가를 받고 있는 성산효대학원대학교 박철호 교수는 효 체계를 순종, 친애, 존속, 대리로 분석하고 있다. 이중 존속의 효가 바로 우리 생명과 직결되는 개념이다. 효 체계에 대해서는 다시 언급하기로 하고 존속의 효부터 알아보자.

자녀는 부모의 양구(養口), 즉 의식주를 해결할 수 있도록 해야 하며, 부모의 양체(養體), 즉 육체적 건강을 위해 노력을 게을리 하지 말아야 한다. 양구, 양체와 함께 부모의 마음을 편안하게 하는 양안(養安), 돌아가신 부모를 잘 모시고 기린다는 의미의 양영(養靈)을 위해 노력하는 것을 존속의 효라고 한다. 설명을 하다 보니 '죽기 살기'로 효도하라는 말이 돼 버렸지만 한마디로 부모로부터 받은 생명을 대를 이어 지켜나가기 위한 총체적인 노력을 의미한다.

이같이 '양구체안영'의 효를 실천하는 것을 양생(養生)이라고 하는데 여기서 '생'은 바로 생명이다. 부모의 생명은 조상으로부터 시작되어 우리에게 전해졌으니, 다시 우리 후손에게 전해져야 마땅한데, 이 생명의 지속을 위해 반드시 필요한 것이 효도라는 얘기다. 우리 각자의 생명이 담겨있는 국가에 대한 충성도 양생이요, 파괴되면 생명이 위협받는 환경을 잘 지켜 후손들에게 제대로 물려주는 것도 양생이다. 이렇게 생명사랑, 생명존속, 자연보호 등의 깊은 뜻이 담겨있는 것이 바로 존속의 효인 것이다.

존속의 효와 생명자본론, 여기서 말이 되는 삼단논법이 나온다. "효도는 생명의 존속이다. 생명은 미래의 자본이다, 고로 효도는 미래자본이다"

하나 더 있다. 물질적 복지가 디지털이라면 정신적 복지는 아날로그라고 할 수 있을 것이다. 국가의 복지정책과 국민의 효도정신, 이 둘이 융합될 때 진정한 복지, 아름다운 복지, 이 시대에 맞는 디지로그(Digilog)형 복지가 완성될 것이다. 천하의 이어령 교수도 이 삼단논리 효자본론에 고개를 끄덕여 주실 것이며 디지로그복지론에 흐뭇해하실 것으로 믿는다.

효자본론에 디지로그 복지론?

이거 정말 말이 되는 것 같다. 결론적으로 효도는 우리 모두의 미래자본이다.

자녀양육과 부모부양은 의무

소황제(小皇帝)라는 말이 있다. 중국말로 샤오황디라고 하는 소황제는 1979년 덩샤오핑(鄧小平)이 시작한 독생자녀제(獨生子女制 - 1가구 1자녀 원칙)에 의해 1980년대에 태어난 독생자층을 이르는 말로 바링허우(80後)라고 부르기도 한다. 여자 아이의 경우에는 샤오궁주(小公主)라고도 한다.

한번 같이 따져보자. 중국 비단장사 왕서방은 외아들이다. 왕서방이 한눈에 반해서 결혼한 명월이도 외동딸이다. 이 두 부부 사이에 태어난 아들이 왕윤발이었는데 왕서방 부부는 애 하나만 가지라는 당의 엄명이 두려워 더 이상 생산 활동을 하지 못하니, 왕씨 집안이나 명월이 집안을 통 털어 직간접의 후손은 왕윤발이 유일하다. 사정이 이렇다 보니 왕윤발만을 바라보는 눈은, 윤발이의 엄마 아빠, 할아버지 할머니, 그리고 외할아버지 외할머니 등 여섯 사람에 합이 열두 개다. 여기까지 따지다

보면 이게 중국 얘긴가 우리 얘긴가 헛갈리기 시작하다가 자연스럽게 배경화면이 중국에서 한국으로 바뀐다.

버버리 책가방 62만 원, 트렌치코트 68만 원, 체크원피스 29만 원, 어른들이 입는 옷 얘기가 아니다. 없어서 못 판다는 이 상품들은 엄연히 주니어용, 초등학교에 입학하는 학생들 몸에 입혀지고 손에 들려지는 옷과 가방이다. 미국대학입학시험(SAT) 과외 두 달에 1,200만 원, 추석 연휴 논술특강 200만 원, 원포인트 과외 1시간에 50만 원 등등 끝이 없다. 소황제식 자녀교육의 최신 버전은, 자기 아이가 명문학교에 진학할 수 있도록 고액을 주고 아예 아이를 키워달라고 맡기는 이름하여 '사교육 대리모'다. 이 정도면 중국 소황제 저리 가라 할 교육병이다.

중국에 소황제가 있다면 미국은 다소 길지만 식스 포켓 원 마우스(Six Pockets One Mouse)가 있다. 이 말 역시 부모 이외에 양가 조부모가 자녀 한 명에게 금전적 지원을 하는 것을 말한다. 이보다 더 센 것도 있다. 골드 앤트 원 마우스(Gold Aunt One Mouse)다. 재정적으로 안정화되고 경제력이 있으며, 조카를 위해 지출을 아끼지 않는 고모나 이모. 미혼의 이모·고모까지 포함한 '에잇 포켓 원 마우스'와 비슷한 의미로 쓰이는 말이다. 쉽게 말해서 온 집안사람들이 애 입에다 주머닛돈 다 털어 넣는다는 거다.

더 얘기해봐야 자판치는 손가락만 아픈 얘기지만 이렇게 무한대에 가까운 보살핌을 받으며 성장한 우리 소황제들의 머릿속이 궁금하다. 부모님으로부터 받는 그야말로 물심양면의 사랑에 대해 그들의 생각을 엿볼 수 있는 조사결과가 있다. 모 신문의 '부모의 눈물로 울리는 웨딩마치' 기획기사 관련 설문조사에서 부모님이 나의 결혼 때문에 힘들어 하셨다고 답한 사람은 3명 중 1명뿐이었다. 3명 중 2명은 부모님으로부터 받을 만큼 받는 게 당연하다고 생각하고 있다는 얘기다.

한국 부모의 60%는 더 못해줘서 미안하다고 생각하는 반면 자녀의 52%가 남들은 더 받았다고 생각한다고 답변했다. 요즘 젊은이들의 생각이 변했듯이 우리 부모님들도 예전 부모님들 생각과는 다르긴 하다. 자식들에게 노후에 뭔가를 받고자 간절하게 기대하고 해준 건 아니라는 뜻이다. 하지만 솔직히 표현하면 좀 서운한 건 사실이다. 부모님이 결혼비용 대준 것에 대해 최소한 죄송하고 감사한 마음은 가져야 하는 게 기본 아닌가.

우월적 지위라는 말이 있다. 갑을관계라는 표현도 있다. 부모가 자녀를 양육하는 것은 당연한 의무이지만 좀 건조하게 바라보면 경제적 생산 활동을 할 수 없는 자녀에 대한 우월적 지위, 즉 갑의 위치이기 때문이다. 이 우월적 지위가 바뀌는 데는 길어봐야 30년 밖에 걸리지 않는다. 자녀가 경제활동을 할 때쯤

이면 우리 부모님들의 경제 활동력은 소멸되기 시작한다. 즉, 갑을관계가 바뀌게 되는 거다. 부모자녀 관계를 갑을관계로 바라보는 게 부당한 얘기 같지만 함께 생각해볼만하지 않은가.

이 시대를 살아가는 자녀들이여. 갑에서 을로 전락한 부모님의 입장, 한번쯤 깊이 생각해보자. 그렇다고 강요하는 건 아니지만, 자녀양육이 부모의 의무라면 부모부양은 자녀의 의무이다. 그 의무가 언제쯤 즐거운 의무로 불릴 것인가.

효자 될 수 있는 경우의 수

소치 동계올림픽에서 비인기종목 중 하나였던 컬링의 한국여자대표팀이, 메달을 딴 선수들 부럽지 않은 인기와 관심을 받은 바 있다. 당차고 야무진 눈빛과 표정, 미끄러져가는 스톤을 바라보며 작전지시를 하는 짧고 낭랑한 목소리가 국민들에게 강하게 각인됐고, 한 수 위라는 일본까지 이겼으니 국민들의 갈채를 받을만한 여건을 갖춘 셈이다. 우리의 여자 컬링대표팀이 예선전에서 선전하며 4강 진출에 대한 기대감이 높아가던 중 중국 팀에 패배하면서 우리는 4강 진출에 대한 '경우의 수'를 따지기 시작했다. 미국 팀을 이기면서 마지막까지 실낱같지만 수많은 경우의 수까지 동원됐으나 아쉽게도 4강 진출의 꿈을 2018년 평창 동계올림픽으로 넘기고 컬링 팀의 각본 없는 드리마가 막을 내렸다.

'경우의 수'하면 한국축구 대표팀의 단골메뉴다. 2002년 월드컵 4강 신화를 이룩하면서 이제 한국팀의 16강 진출을 '당근' 쯤으로 생각하고 있지만 사실 한국축구대표팀은 월드컵대회마다 예선부터 본선까지 이 '경우의 수' 꼬리표를 달고 다녔다. 경우의 수는 '어떤 일이 일어날 수 있는 경우의 가짓수'를 말한다. 동전 한 개를 던질 때 면이 나오는 경우의 수는 2이다. 넥타이를 매는 모든 경우의 수는 몇 가지나 될까? 최근 한 수학자의 발견에 따르면 넥타이 매듭을 만드는 총 경우의 수는 17만 7,147개인 것으로 알려졌다. 이는 남성이 하루에 한 가지 방법으로 넥타이를 맨다고 가정한다면 485년 동안 서로 다른 방식으로 넥타이를 맬 수 있음을 뜻한다.

늙으면 자식 촌수보다 돈 촌수가 더 가깝다는 말이 있다. 늙어갈수록 자신이 쓸 수 있는 돈은 가지고 있어야 한다는 얘긴데 두말하면 잔소리고 다시 말하면 입 아픈 소리가 된다. 유전유효(有錢有孝) 무전무효(無錢無孝)라는 말도 있지 않은가. 이 사자성어는 부모와 자녀에게 모두 적용되는 말이기도 하다. 자식 입장에서 보면 돈 있어야 효자 소리 듣는다는 제법 그럴듯한 이유가 된다. 시부모님 모시고 삼시세끼를 차려드리는 며느리보다 어쩌다 와서 맛있는 거 사드시라며 용돈을 품에 넣어주는 막내며느리가 더 이쁘게 보인다고도 하니 역시 돈과 효도는 밀접한 관계가 있는 듯하다.

이 땅의 부모님들이야 '재산 빨리 물려줘서 두고두고 후회 말고, 버티고 또 버텨서 길이길이 효도 받자'며 대동단결한 지는 벌써 오래이다. 나이 들면 돈보다 건강이 최고라는 말이 있다. 이 말도 틀린 데는 없다. 사람에게 건강만큼 소중한 것이 어디 있겠는가. 하지만 백세시대가 되고 보니 얘기가 좀 달라질 수밖에 없다. 나이가 들었어도 몸은 청년 못잖게 건강한데 돈이 없다고 생각해보자. 이거 좀 갑갑해진다.

여기서 돈과 효도 간의 경우의 수를 따져보자. 나이 들어 몸도 건강하고 돈도 있을 경우, 몸은 건강한데 돈이 없을 경우와 몸은 건강하지 못한데 돈은 있는 경우와 건강도 안 좋고 돈도 없는 경우를 가정해볼 수 있을 것이다. 건강하고 돈도 있으면 이거야말로 금상첨화로 자식들 내 맘대로 오라 가라 하며 효도하게 만들 수 있고, 몸은 아프지만 돈이라도 쥐고 있으니 자식들이 효도 하겠지라고 생각하겠지만 방심은 금물이다. 그 재산이 효도의 실천동기가 아니라 불효의 씨앗이 되는 경우도 적지 않기 때문이다.

경제적 능력이 전혀 없는 노인들의 부양은 나라님 몫이라고 생각하는 게 요즘의 복지트렌드이긴 하지만 이것도 마냥 믿고 있을 수만은 없다. 나라님도 땅 파서 나라 살림하는 재주는 없을 뿐더러 아무리 인생말년이라도 빵만으로 노후문제를 해결할 수 있는 건 아니기 때문이다. 정리해보면 앞에 언급한 네 가지 경우의 수를 해결하기 위한 공통분모는 역시 효(孝)일 수밖에 없다는 결론이 만들어진다.

위로는 나이 드신 부모님이 계시고, 밑으로는 토끼 같은 자녀들이 있는 이 땅의 엄마 아빠들이여! 내 자식들이 해주기 바라는 것과 똑같이 네 부모에게 행하라는 소크라테스의 말씀도 있지 않은가. 나 자신의 노후를 위해서라도 돈 있으면 있는 대로 없으면 없는 대로 효도해 보자.

잘 생각해 보면, 돈 없어도 효자 될 수 있는 경우의 수는 너무도 많다.

효도하게 만드는 경우의 수

앞서 쓴 글에서 나이 들어 건강도 하고 돈도 있고, 건강하지는 못한데 돈은 있는 경우의 수와, 건강은 한데 돈이 없고, 건강하지도 못하고 돈도 없는 경우의 수를 함께 살펴봤다. 돈 있어야 효도 받고 돈 있어야 효도한다는 유전유효 무전무효의 법칙이 진리에 가깝게 인식되고 있는 세태인지라 쓸데없이 따져본 경우의 수지만 아주 쓸모없는 고민은 아닌 듯하다. 나이 들어 돈만 가지고 있으면 효도 받을 거라는 생각이 얼마나 시대착오적인 발상인지를 알려주는 사례는 너무도 많다. 자식들에게 손 벌리지 않아도 될 만큼 가진 게 있으면 효도 하든 말든 무슨 상관이냐 라고 말씀하시는 어르신도 계시겠지만 이런 생각도 얼마나 순진하고 무구한 생각인지는 금방 알 수 있다.

사례가 하나 있다. 나이 들어 남편을 먼저 하늘나라로 보내고 홀몸이 된 할머니가 계셨다. 재산을 많이 남기고 간 남편 덕에 아쉽지 않을 만큼 돈은 있었지만 안타깝게도 이 할머니는 불치병으로 6개월 시한부 선고를 받은 상태였다고 한다. 나이 들어 돈은 많은데 건강하지 못한 경우다. 할머니에게는 아들 하나와 딸 셋이 있었는데 하나 있는 이 아들이 어머니의 재산을 독차지하고 싶은 욕심에 오늘 내일 하며 죽을 날만 기다리는 어머니를 회유하기 시작했다. 자신에게 전 재산을 물려준다는 내용으로 유언장을 쓰라는 아들의 협박성 성화에 못 이겨 어머니는 마지못해 아들이 원하는 대로 유언장을 써줬다고 한다. 이 유언장을 움켜쥔 아들이 아침저녁 어머니 문안인사가 아니라 생사여부를 확인하는 간절한 마음으로 하루하루를 보냈을 것임은 안 봐도 알만 하지 않은가.

그러나 어머니 사후 재산을 독차지한 아들의 만족감은 얼마 가지 못했다. 딸들이 합심해 유언장 무효소송을 했고 법원은 딸들의 손을 들어주었다. 이유를 알고 보니 협박을 당하던 어머니가 아들 몰래 변호사에게 자문을 받아 효력 없는 유언장을 만들어 주었던 것이었다. 유언내용과 날짜, 주소, 성명, 날인 등 유언장에 법적효력을 부여하는 다섯 가지 필수요건 중 주소를 살짝 빼고는 그 사실을 딸들에게 알려놨던 것이다. 불효자는 상속을 받을 수 없다는 엄연한 상식을 지켜낸 할머니의 기지가 돋보인 사례다. 하지만 상황이 이럴진대 돈 있으면 효도 받는다고 어디 함부로 말할 수 있겠는가. 돌아가신 어르신의 마음이 생각돼 안타까운 마음이 앞선다.

한 가지 사례를 더 살펴보자. 전업주부 박모 씨는 남편과 사별하고 혼자 산다. 죽은 남편으로부터 받은 유산으로 별 어려움 없이 살고 있지만 최근 고민이 생겼다. 아들이 사업자금이 필요하다며 상속분을 미리 받길 원하기 때문이다. 하지만 미리 물려줬다가 나중에 돈 한 푼 없다고 괄시당할까 걱정이다. 이런 경우도 답답하긴 매한가지다.

아들에게 유언장 쓰라고 협박당하는 A할머니, 사업자금 달라며 졸라대는 아들에게 미리 상속해주고 나서 버림받을까봐 걱정인 전업주부 박모 씨 등등, 이런 어르신들의 고민을 조금이라도 해결해드리고자 한 가지 제안을 하고자 한다. 평소 효도하는 자식에게 조금이라도 더 물려주고 싶어 하는 분들도 참고가 될 만한 제안이니 눈여겨보시고 적극 검토해보시기 바란다.

노인대학은 우리나라에서 가장 큰 규모를 자랑하는 대학이다. 그 인원과 규모면에서 말할 것도 없고 학생 수준도 서울대학교는 명함을 내보이기가 쑥스러울 정도다. 온동네 노인대학이 없는 곳이 없고 이미 대학을 졸업했거나 석·박사학위를 취득한 분들도 입학하는 대학이기 때문이다. 여기서 정말 하고자 하는 이야기는 노인대학의 교육과정 중 필수과목으로 유언장작성론

과 자녀효행지수평가론을, 선택과목으로는 재산상속론을 수강과목으로 개설하자는 것이다.

이건 교육부 차원이 아니라 대통령께서 전국의 노인대학장들을 청와대로 초청해 점심대접을 하면서 간곡하게 당부할 내용이 아닐까 생각한다. 무슨 황당한 소리냐는 이야기를 하는 분들도 계실 수 있다. 고령사회에 진입한 대한민국에서 노인의 삶과 미래를 누가 책임져줄 것인가. 가뜩이나 나이 들어 몸과 마음도 약해지고 사리분별이 흐려질 수 도 있는 것 아닌가.

'어떤 부친이 아들에게 경제적 도움을 주는 일 외로는 자식의 애정을 받을 수가 없다면 그는 참으로 가여운 사람입니다. 이런 것도 애정이라고 부를 수 있다면 말입니다. 사람은 도덕심과 능력으로 인정을 받아야 하고 선한 마음과 분별 있는 처신으로 사랑을 받아야 합니다. 노인이라고 필요에 의해서 또는 강요와 억압으로 존경받을 수는 없습니다. 나는 두려움을 느끼게 하기보다는 사랑받기를 바랍니다.'

16세기 프랑스 사상가이자 법관을 거쳐 유력 정치가로도 활동했던 미셸 몽테뉴의 '수상록'에 나오는 말이다. 민주주의 정신에도 영향을 미친 그의 말은 서양이나 동양이나 예나 오늘이나 '효'라는 것이 일방적인 게 아님을 되새기게 한다.

이래저래 고민이 많은 어르신들께 말씀드린다. 재산이 많든 적든, 있든 없든 너무 걱정 마시라. 잠시만 머리를 쓰시면 자식들이 효도하게 만들 경우의 수는 너무도 많다. 그 전에 자녀들에게 두려움보다는 사랑받는 어르신들이 되도록 마음가짐을 새롭게 해 보자.

부모 자녀 간 천륜관계는 계약

세월호 침몰사고는 온 국민을 비통케 하였다. 사고소식을 듣고 절규하며 외친 한 어머니의 "엄마가 가서 구해줄게……."라는 말이 온 국민의 가슴과 눈을 적셨다. 그렇다. 어떤 상황에서도 자식을 구해낼 수 있을 것 같은 존재가 바로 '어머니'다. 그 어머니의 가슴에 대못을 박은 우리 모두는 죄인이다. 효 칼럼을 쓰고 있지만 어머니의 마음을 잊지 않는 것, 그만한 효도가 있겠는가 하는 생각을 하게 되는 시간들이다.

그동안 윤리적이고 도덕적인 덕목이라고 할 수 있는 효를 과연 법으로 강제할 수 있는가에 대해 생각을 거듭해왔다. 효와 법의 상관관계를 따져볼 수밖에 없게 하는 것 역시 우리가 처해있는 현실이다. 그 사례 역시 너무도 많다.

얼마 전 80대 아버지가 아들이 부모를 봉양하지 않는다며 아들에게 증여한 아파트 구입자금 1억 2,000만 원을 돌려달라고 소송을 제기했다. 오죽했으면 아버지가 아들에게 아파트 구입자금 도와준 것을 내놓으라고 법에 호소했을까 하는 생각이 먼저 들지만 법정 내에서 돌아가는 분위기는 우리 상식을 조금 벗어난다. 아버지 A씨가 부모 자식 간에 하기 어려운 소송을 택한 이유는 이렇다.

1992년 아들이 아파트를 분양받을 때 조상 제사를 모시고 부모를 봉양하는 조건으로 분양대금과 전세보증금 1억 2천만원을 증여했지만 이후 아들이 제사에 불참하고 부모를 봉양하지 않았다는 것이다. 이 부당이득금 반환청구소송에 대해 재판부는 아버지 A씨의 청구를 기각하는데 그 판결문이 의미심장하다. 재판부는 판결문에서 "분양대금 4,000만 원을 준 사실은 인정되나 그 외 분양대금과 전세보증금을 지급했다는 증거는 원고의 부인이자 피고의 모친 증언만으로 인정하기 어렵다"며 "4,000만 원 증여부분도 조상 제사와 부모 봉양 조건이 붙어있었다고 인정할만한 증거가 부족하다"고 판시하고 있다. 존경하는 판사님의 말씀을 요약하면 한마디로 "증거 있슈?"다.

또 있다. 할머니 C(86.여)씨가 노후를 책임지고 부양하는 조건으로 유일한 재산인 토지를 증여했는데, 부양의무를 이행하지 않고 부당하게 대우했으므로 토지를 돌려달라며 장남인 D(62)

씨를 상대로 낸 소유권이전등기말소 소송 역시 패소했다. 더 있다. 아니 매우 많다. 울산지법 역시 지난해 아버지 E(74)씨가 같은 취지로 아들(46)을 상대로 낸 소유권이전등기말소 소송에서 원고패소 판결했고, 서울고법도 시어머니 F(74)씨가 며느리 G(44.여)씨를 상대로 낸 소유권이전등기말소 소송에 대해 원고패소 판결했다.

꼭 물어보고 싶은 건 아니지만 그래도 판사님들에게 정중하게 여쭤보고 싶다. 재판관이 어떤 사실을 인정하는 데에 반드시 일정한 증거에 의하여 해야 한다는 법정증거주의에 대해선 들어서 알고는 있지만 판사님들은 자녀들에게 결혼자금, 집 구입자금, 사업자금 도와줄 때 차용증이나 계약서 등을 남기고 도와주시는지 감히 묻고싶다. 부모 자식 관례가 아닌가.

법조계 관계자의 말을 덧붙여본다. "자녀가 부모의 노후를 책임지고 부양하는 조건으로 재산을 물려받았을지라도 부양 의무를 제대로 이행하지 않았을 때 증여가 무효라는 내용 등을 적은 계약서 등 관련 서류를 통해 증여가 조건부로 이뤄졌다(부담부증여)는 점이 먼저 입증돼야 한다."

옳은 말씀이지만, 그렇게 말씀하시는 분도 그 같은 조건을 달아 자녀들에게 재산을 물려줄 때 계약서를 쓸 건지도 자못 궁금하다. 부모 자녀 간에 계약서를 언급해야 하는 시대라 한다면 부모자녀관계를 천륜(天倫)으로만 규정지을 일은 아닌 듯하다. 계약론적 사고로 부모자녀관계를 재정립해보면 분명 부모의 자녀에 대한 양육에는 계약론적 사고가 들어가 있다고 볼 수 있다. 부모 자녀 간 계약이 성립되는 근거는 경제활동을 할 수 있는 우월적 지위에 있다. 즉 부모의 자녀양육에는 노후 부모보호(봉양)가 전제된 언약적, 계약적 상호보험적 논리가 개입되어 있다는 것이다.

달리 말하면 부모 자녀 간 천륜관계도 계약이다. 이 계약은 폐기될 수도 개정될 수도 없다.

효도는 표현이다

한자 孝는 '아들이 노인을 업고 가는' 형상이다. 요즘은 거꾸로 노인이 아들을 업고 있는 집안이 많다. 자식의 결혼비용을 대 주고 때로는 혼기가 넘어서까지 보살펴야 하는 경우가 늘어나면서 나타나는 현상이다. 그에 비해 효도는, 누가 효자 효녀더라는 말이 특별하게 들릴 정도로 힘든 일이 되어가고 있다. 효심이 약화되어서이기도 하지만 한편으론 실천을 너무 어렵게 생각해서이기도 하다.

자식이 태어나면, 그 자식이 아들이건 딸이건 건강하든 장애가 있든 부모님은 오직 그 자식만 생각하고 모든 정성을 쏟는다. 아무리 잘 생기고 영특한 아이라 할지라도 내 자식과 바꿀 수는 없는 것이다. 부모에게 자식이란 그런 존재다. 그런 부모님께 항상 감사한 마음을 가지고 잘해드려야겠다 라는 생각을 하지 않는 자녀들은 별로 없으리라 본다. 다만 그건 마음일 뿐이고 행동으로 옮기는 게 왜 그리 힘이 드는 일인지 항상 생각하고 후회하며 살아가고 있는 게 현실인 것도 부인할 수 없다.

바쁘다는 핑계로 얼굴 한번 제대로 보여드리지 못하고 있으신 분들 아마 나 뿐만은 아닐 것이다. 요즘 들어 자주 얼굴을 못 뵈고 있으니 그런 생각을 더 자주 하게 되는 것 같다. 나중에 돈 많이 모아서 좋은 거 많이 해드려야지 하는 생각도 늘 하는 생각인 것 같다. 그러다보니 돈이 있어야만 효도를 할 수 있고 돈으로 하는 것이 효도라고 생각을 하는 경우도 있다. 하지만 효도하는 방법이 기껏 돈으로 해야 하는 거라는 건 편협하고도 서글픈 일이다. 효도야말로 마음에서 비롯되는 사람의 가장 기본 도리 아니겠는가.

물론 용돈이나 선물을 드리는 것도 필요한 일이다. 부모님은 그런 것들도 자식의 효심이라고 생각하기 때문이다. 하지만 자주 여기저기 아프시고 자식들 문제를 비롯해 마음이 편치 않으신 부모님이 용돈과 선물만으로 내심 만족하실련지는 의문이다. 자칫 정성이 뒷받침되지 않는 형식적이고 의례적인 일의 반복일 수 있어서이다. 자식으로서 진정으로 부모님을 생각하기보다 그저 마음의

짐을 벗는 일에 급급하지 않나 하는 자책이 따르지 않을 수 없다. 그렇게 정기적으로 짐을 벗으려 하기보다, 우리가 품고 있는 마음 속 그 생각을 바로 실천으로 옮기는 것이 보다 중요하다고 본다.

예를 들자면 이런 것이 아닐까. 부모님이 생각나면 얼굴을 비추고 행여 바쁘거나 혹은 다른 지방에 있어 가서 뵐 형편이 안 되면 전화통화로 목소리를 들려 드리면서 안부를 여쭤보고 나의 안부도 전해 드리는 것. 그것도 안 되면 문자라도 한 통 보내는 것. 부모님으로서는 목소리와 문자에서 자식의 무탈함을 확인하는 일이야 말로 큰 기쁨이 아니시겠는가.

항상 부모님을 생각하고 그 생각을 행동으로 옮기는 것이 바로 효도라고 결론을 내려 본다. 이런 마음 그냥 마음속에 간직하지 말고 지금 당장 부모님이 옆에 계시면 한번 안아드리면서 "감사합니다. 사랑해요" 말씀 드려보자. 부모님이 멀리 계시다면 바로 전화기를 들어 부모님께 뜬금없는 안부인사를 드려보자. 오늘 자녀들이 학교에서 돌아오면 할아버지 할머니께 전화를 드리라고 권해 보자. 손자 손녀로부터 생각지도 못한 전화를 받은 할아버지 할머니가 얼마나 즐거워하실지 상상이 된다.

그래도 생각보다 효도는 어려운 일이라고들 한다. 그럴 수도 있고 아닐 수도 있다. 마음 속으로 생각만 하고 있어서 어려울 수도 있는 것이다. 생각만 조금 바꾸면 가장 쉬운 게 효도일 수도 있지 않을까. 입으로 할 수 있는 효도, 그렇다. 효도는 표현이다. 실천하기 어렵다는 이유로 효를 멀리 하다간 사소한 기쁨조차 드릴 기회가 없어지게 된다. 형식적이고 잘못된 가정교육, 학교교육, 사회교육으로 인하여 야기된 패륜과 패역행위를 바로 잡을 수 있는 것으로선 효교육이 가장 중요한 그 대안이다. 효가 살아야 우리가 살고 나라가 산다. 그렇기 때문에 효교육이 그렇게 중요한 것이다.

생활 속에서 자주 효를 실천하되 효의 바른 의미는 항상 새겨둠이 좋을 것이다. 효도에 대하여 황희 정승은 이렇게 말한다.

첫째, 효도하는 마음이 지극히 순수해야 한다(至如孝心純).

부모의 재산을 사전상속 받기 위해 자식들이 안 하던 효도를 하기 시작하는 것은 드라마의 단골소재이다. 그에 비해 순수한 마음이란 나를 낳아주시고 길러주신 부모님이시니 조건 없이 효도하는 것일 게다. 지극한 순수함이란 그 수준을 넘어 효도하는 자체가 기쁨이요, 행복이며, 삶의 의미가 되는 지경일 것이다. 우리의 효는 어느 정도 순수한지 뒤돌아볼 일이다.

둘째, 어버이의 뜻에 극진히 순종하여 즐겁게 해드려야 한다(至順悅親意).

어버이의 뜻에 극진은 고사하고 순종하기도 어려울뿐더러 즐거움보다 고통을 더 많이 주게 되는 것이 오늘날의 자식이 아닐까 한다. 어버이가 자식들에게 뜻다운 뜻을 보여주는 것도 중요하지만, 자식이 어버이의 뜻을 함부로 재단하거나 거스르는 것도 옳지 못하다. 따르기 힘든 부분이 있더라도 부모님의 마음이 상하지 않는 범위 내에서 조율을 해야 할 것이다.

셋째, 특히 늙으신 어버이를 모심에 있어 남들이 이간질하는 말이 없어야 한다(人無間言特異於人老).

이는 오늘날에도 자주 적용되는 말이다. 부모를 모시는 일에 있어 자식들 간, 며느리들 간에 이견과 다툼이 잦은 것은 자신의 효심보다 상대의 효심을 얕잡아보려는 좁은 소견의 소치일 경우가 많다. 효가 어찌 경쟁하는 것이며 이간질의 대상이 될 수 있겠는가. 남 탓 이전에 스스로의 허물을 돌아보아야 할 것이다.

우리가 황희 정승의 깊은 뜻을 다 헤아리지 못할 수는 있으나, 부모님을 생각하는 그 절절한 마음만은 느낄 수 있다. 부모님은 그런 존재라는 것, 존재 자체로 사람의 도리를 깨우치게 하는 분들이시니, 의무를 넘어 기쁨으로 부모님을 섬기는 것이 자식의 본분일 것이다.

그러니 표현하되 기쁘게 해보자. 나를 낳고 길러주신 분들, 부모님들도 그만큼 기뻐하시지 않겠는가.

21C 트렌드(Trend), 효

좀 때 지난 이야기지만 삼성경제연구소는 2012년 10대 히트 상품을 발표하면서 지구촌을 뒤흔들었던 싸이의 강남스타일을 첫 번째로 꼽았다. 그리고 스마트폰 게임 애니팡을 선정했다. 병원, 커피숍, 전철 안 어딜 가도 들려왔던 애니팡 특유의 게임 소리를 기억할 것이다. 갤럭시 2012 시리즈, 런던올림픽 스타, LTE 서비스, 고급형 인스턴트 커피, 관객 1억 시대의 한국영화 등이 대박 났던 상품으로 탑10에 올랐다.

우리는 나머지 3개의 히트상품을 주목할 필요가 있다. 가히 국민적 열풍이라고 해도 좋을 만큼 대세를 이루었던 캠핑용품, 그리고 카페인 음료라는 오명까지 받은 에너지 음료와 함께 '본다 본다 다본다.'던 '차량용 블랙박스'가 그것이다.

2012년 10대 히트상품의 소비 트렌드를 연구진은 '동고동락',

'명백한 업그레이드', '불안과 긴장에서의 탈출' 이렇게 정리하고 있다. 자식마저도 믿을 수 없는, 그 누구도 믿지 못하는 불신의 사회, 예측하기 어려운 앞날, 현대인의 미래에 대한 불안은 어쩌면 지극히 당연한 현상이 아닐 수 없다. 이 미래에 대한 불안이 결코 싸지 않은 차량용 블랙박스를 너나 할 것 없이 차안에 매달게 만들었던 것이다. 교통사고에 대한 불안감은 블랙박스로 적당히 해결한다 치자. 100세 시대 노후에 대한 불안은 무엇으로 해결해야 할까. 이 부분에서 효가 21C 트렌드라는 주장이 설득력을 얻기 시작한다.

트렌드(trend)는 그 시대의 경향이나 동향, 그리고 추세나 유행 등을 의미한다. 최근 국가정책의 트렌드는 바로 복지이다. 근대화 시대, 개발시대에는 성장에 초점을 맞췄지만 민주화시대, 선진화시대에는 분배에 그 무게 중심을 둔다고 한다. 편나누기 좋아하는 정치권은 보수는 성장, 진보는 분배라는 등식으로 목소리를 높이지만 사실 성장 없는 분배는 허구이며 분배 없는 성장은 무의미하다는 게 정설이다. 각설하고, 분배의 정의를 실현하는 실행파일 중 하나가 바로 복지정책인데 문제는 정치적 이해가 어김없이 파고들었다는 것이다.

우리나라 최고의 부유층이 옹기종기 모여 산다는 강남3구에서도 무상급식은, 여타 지역만큼은 아니더라도 상당히 높은 호응을 얻었다 하지 않는가. 정치적 이해에 따른 퍼주기식 복지는 망국의 지름길이라는 우려의 목소리도 있지만, 더 큰 문제는 이 같은 물질복지가 과연 복지국가를 만드는 최선의 해결책일까 하는 문제다. 그렇지 않다. 복지정책 중 많은 부분을 차지하는 노인복지의 경우, 2018년도 복지관련예산 64조 2,416억 가운데 18.2%인 11조 7,359억 원이 기초연금 상향조정, 치매관리규칙 등 노인복지 관련예산으로 책정되었다. 이는 2017년 대비 약 23% 늘어난 것이다. 이렇게 금전적 지원은 늘어나지만 예산을 증가해도 해결되지 않는 것이 있다.

각종 여론조사 결과를 살펴보면 노인문제의 핵심은 외로움의 해결에 있음을 알 수 있다. 참고로 2016년도 10대 트랜드 상품 중 1위를 차지한 것은 바로 간편식이다. 15년 기준 520만 가구로, 전체 가구의 27%를 차지한 1인가구의 증가 때문이다. 이 수치의 증가엔 홀로 된 1인 노인가구가 상당 부분 기여하고 있다.

HYO
HARMONY OF YOUNG & OLD

그만큼 외로움도 커졌다는 반증이다.

노인복지를 굳이 물질복지와 정신복지로 나누어 본다면 빵 문제야 국가에서 해결해준다지만 정신적 복지영역인 외로움은 무엇으로 해결할 수 있을까. 바로 효인 것이다.

미래와 노후에 대한 경제적 불안감은, 묻지도 따지지도 말고 가입해야하는 보험으로, 또 선거 때 굳게 약속한 나라님한테 의지해볼 수 있지만, 외로움이나 정신적 불안감을 해결할 수 있는 최고의 보험상품은 바로 효가 아닐 수 없다. 국가의 힘이 미치지 못하는 복지의 사각지대를 해소하고 외로움도 해결해주는 정신적 복지까지, 그야말로 '복지의 정석'을 구현할 수 있다면 국가도 개인도 효를 더 이상 이런 상태로 방치할 순 없지 않겠는가.

그러므로 효는 의무적 개념의 좁은 범위에서 벗어나 전향적이고 미래지향적인 개념으로 바뀔 필요가 있다. 노인에게 효보다 나은 지원이 있다면 단 하나밖에 없다. 말장난 같지만 그것은 '진심을 담은 효'이다.

21C 복지시대의 트렌드, 그 첫 번째는 바로 효(孝)다.

글을 마치며

2016년 늦가을, 태어나서 처음으로 김장을 해봤다.

배추 속에 넣을 양념을 버무리는 것이 그렇게 힘든 줄 처음 알았다. 많은 정치현장을 누볐지만 역시 주로 글을 쓰고 정책을 만드는… '펜대 굴리는' 일을 주로 해왔던 가정적이지 못한 남자의 부끄러운 고백이다.

국회의원 선거 후보자가 되어 선거를 치른 그해 김장철, 어설프기 짝이 없는 김장봉사를 제법 많이 다닌 뒤 다시 돌아온 2017년 김장철, 어느새 나는 '김장의 달인'이 되어 있었다. 함께 김장하는 분들, 평생 김장봉사를 다녔다는 할머님들도 감탄사를 연발하며 칭찬해주시는 통에 더욱 신이나 배추를 씻고 속을 넣던 기억이 새록새록하다.

정치인 이창수가 주민들에게 어떤 사람으로 비쳐질까?

그토록 어설펐던 김장도 그저 열심히 하다 보니, 가르쳐주시는 대로 배워 하다 보니 '빠른 손'과 '실력'을 인정받았듯 작은 것 하나하나 주민들의 말과 마음을 듣고 배워, 내가 나고 자란 우리 지역의 '참일꾼'으로 인정받는 그런 이창수가 되고 싶다는 바람을 가져본다.

"피하지 말게…"

고향마을 광덕에서 만난 노인회장님은 이렇게 말씀하셨다. 어르신의 가르침대로 하려 한다. 말해야 할 때, 다소 불편하고 거친 공격이 예상되는 그런 일에도 피하지 않고 나서려 한다. 말해야 할 때, 누군가 나서야 할 때, 싸워야 할 때 주저하고 때를 놓치면 더 소중한 것을 놓치게 된다.

청나라 말기의 사상가 양계초(梁啓超)가 미워하는 여섯 종류의 방관자가 있다. 배우긴 했으나 세상 돌아가는 이치를 모르는 부류, 나라야 망하든 말든 나만 살고 보자는 부류, 그저 한탄하고 한숨만 쉬는 나약한 부류, 뒤에서 냉소적으로 비판하거나 조롱하는 부류, 남이 하기만을 바라는 부류, 아직 때가 아니라는 식으로 회피하는 부류가 그들이다. 그는 당시 중국의 무기력한 지식인층을 꾸짖었고, 책임지는 정치를 촉구했다.

방관자가 되지 않으려면 시대 상황을 알고, 한탄도 냉소도 없이 지금 즉시 내가 먼저 나서면 되는 것이다. 지극한 용기를 필요로 하는 일이다.

잘된 선택이었든 조금 돌아오는 길을 택했든 피하거나 방관하는 삶을 살지는 않았다. 그러나 이창수의 이름을 걸고 적극적으로 나서 책임을 졌다 말할 수 있을까? 고민되는 지점이다.

생각이 죽어 말이 되고, 말이 죽어 글이 된다고 했던가.

중언부언 머릿속 생각들을 적어 내려간 첫 졸저 <창수생각>이 세상에 나온다. 부족하고 모자란 글이지만 넓은 아량으로 이해해주시기를 바란다. 부족한 생각, 조금 모자란 말과 글일지 모르지만 이창수의 '진심'이 담긴 처녀작이다.

2018년 새해 이 창 수

창수생각

이창수

창
수
생
각

이창수

초판 1쇄 인쇄 2018년 1월 8일
초판 1쇄 발행 2018년 1월 16일

지은이 이창수
펴낸이 홍행숙
펴낸곳 문학의문학/동화출판사
등록번호 105 91 90635
주소 서울 마포구 토정로 222 한국출판협동조합 422호
전화 02 - 722 - 3588
팩스 02 - 722 - 3587

ISBN 979-11-87433-07-1 (03330)

이 책의 판권은 '문학의문학'에 있습니다.